MW01629924

ISBN: 978-0-578-91974-4

Página web: www.segurosyazminirizarrypr.com
Correo electrónico: planifica@segurosyazminirizarry.com
Teléfono: 787-960-3550

Programa Emprende Con Tu Libro
Mentora en autopublicación: Anita Paniagua
www.emprendecontulibro.net

Edición y corrección de prueba: Yasmín Rodríguez
The Writing Ghost®, Inc.
www.thewritingghost.com

Diseño gráfico y portada: Amanda Jusino
www.amandajusino.com

Fotografía de la autora: Raúl Romero Photography
raulromerophotography@gmail.com

Vestimenta para las fotos de la autora: Sra. Damaris Guzmán
Chloé Boutique - www.facebook.com/damaristamaraguzman/

Todas las citas bíblicas son de la versión Nueva Versión Internacional (NVI), actualización del 2011.

Prepara tu
mochila $ financiera

7 suministros para prevenir **huracanes financieros**, hacerle frente a los **terremotos en tu cartera** y alcanzar una vida próspera

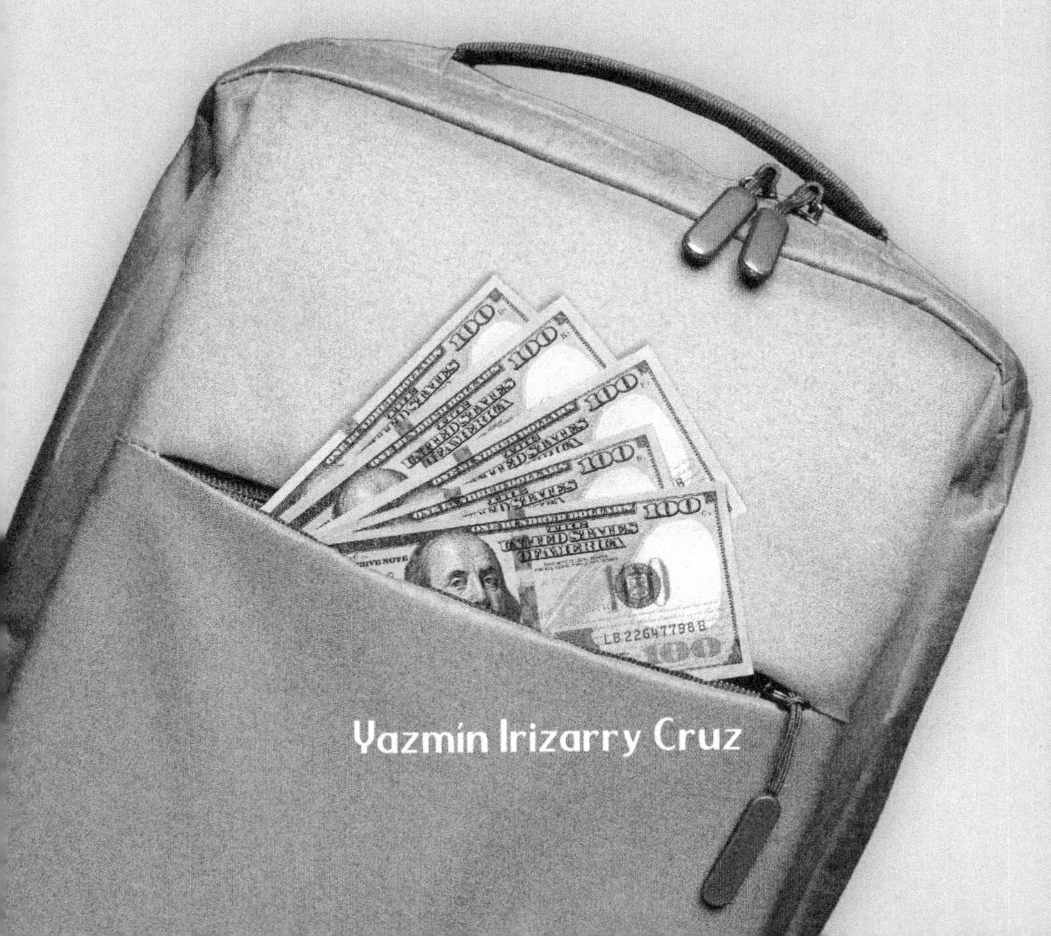

Testimonios

«En el *Centro Empresarial para la Mujer* de la Fundación Sila M. Calderón estamos muy contentos y agradecidos con la colaboración de Yazmín Irizarry como recurso del *Programa de Formación Empresarial para la Mujer* y del *Programa de Resiliencia Continua Pro Empresario*. Yazmín es parte del selecto grupo de recursos especializados ofreciendo información valiosa en el área de la planificación financiera, y sus evaluaciones han sido excelentes. Sin duda, el tema de la planificación financiera es vital para todas las áreas de nuestras vidas. Sus aportaciones han sido de gran impacto en nuestros participantes.»

Centro Empresarial para la Mujer
Fundación Sila M. Calderón

«Me reuní con Yazmín en septiembre del 2017 con la preocupación de que, si había alguna incapacidad, ¿que podía pasar? Eso, sin pensar jamás que cuatro meses después tendría un accidente y tendría que utilizar la póliza. Actualmente, estoy recibiendo beneficios de mi póliza que complementan el seguro social. Esto no me devolvió la salud, pero me ha dado paz mental con mis responsabilidades mensuales y la capacidad de continuar con mi tratamiento de una manera eficaz.»

Sra. Agnes Cardona

Antes de comenzar con la lectura, te invito a visitar mi página para que te registres como un «mochilero financiero». Ahí, te daré la bienvenida a mi plan de preparación para tu mochila y encontrarás materiales que te ayudarán en el uso de esta guía. ¡Te espero!

http://segurosyazminirizarrypr.com/regalo

Dedicatoria

A mis padres, por ser mi mayor ejemplo en la administración del dinero, enseñándome que no es lo mucho o lo poco que tengas, sino cómo lo administras.

A mis hijas, por ser la motivación de mi vida y por sacar lo mejor de mí.

A mi esposo, por siempre apoyarme y creer en mí.

A los jóvenes que están haciendo la diferencia, porque son el futuro de mi país.

A todas las personas que pasaron por alguna situación financiera difícil y tocaron fondo, pero no se rindieron: se educaron en el tema, buscaron mentoría y hoy tienen libertad financiera.

Tabla de contenido

Agradecimientos

Agradezco a Dios por permitirme esparcir la semilla de la planificación financiera y ser instrumento para que muchos consigan la libertad financiera anhelada. Le agradezco también enseñarme que todo tiene un propósito en la vida y que depende de nosotros cómo utilizamos esas vivencias. Le agradezco, además, cada una de las personas que ha puesto en mi camino, porque de todas aprendí algo. Con lo bueno, me motivo, y lo no tan bueno me hace más fuerte.

Mis más sinceras gracias a un grupo de mentores y profesionales que hicieron posible esta publicación:

- Sr. Miguel Á. Núñez Colón (Mickey), coach en licencias de seguros y consejero financiero
- Sra. Lourdes M. Corujo Ramsey, CLU, CHFC, representante autorizada
- Maricarmen Maisonet, *Investment Advisor Representative*
- Sr. Raymond Irizarry, consultor financiero
- Profesor José Medina, fundador y director del *Instituto de Finanzas Personales de Puerto Rico*, una división de *Finanzas al Máximo*
- Sr. José D. Colón Berlingery, pasado gerente general de una compañía *Fortune 500*, mentor
- Sr. Jonathan Díaz, contador especialista en planillas
- Lcda. Miosotis N. Valentín Alfonso, J.D, abogada notaria
- Sr. Gil G. Villanueva Hernández, propietario de *SERLEGINT LLC*, consultor contributivo y especialista en planillas
- Lcdo. Roberto Sosa Salinas, abogado notario
- Sr. Eric Flores, contador

Prólogo

Yazmín Irizarry es una mujer emprendedora y llena de entusiasmo. Por varios años se ha dedicado a ofrecer conferencias y talleres sobre el tema de las finanzas personales con el objetivo de crear conciencia sobre el potencial que tiene cada persona para construir su prosperidad financiera.

Yazmín comenzó sus primeros pasos en la industria de seguros ayudando a las personas a protegerse contra los eventos inesperados de la vida. Luego de varios años, descubrió que las personas tenían problemas más serios que el de no tener un seguro que los protegiera. Estaban endeudados, sin ahorros, crédito, o plan de retiro, vulnerables económicamente ante cualquier evento y, sobre todo, viviendo de cheque a cheque. Sufrían con el impacto de las tensiones que producen las limitaciones financieras.

En el menester de su carrera descubrió que este escenario no era para personas particulares, sino que acontece en todos los niveles económicos y tipos de ingreso: profesionales, empresarios, dueño de negocio, empleados del gobierno o empresas privadas. Los problemas financieros están por todos lados y no discriminan a las personas que no tienen un plan financiero todo el tiempo y para todo tiempo.

Las experiencias de Yazmín le permitieron ver el dolor de otros, quienes pasaron por crisis financieras al no estar listos para los cambios económicos que pueden ocurrir de la noche a la mañana. Esto la llevó a la búsqueda de respuestas que pudieran ayudar a las personas a construir su seguridad financiera.

Yazmín dio un paso hermoso en su nivel de compromiso con las personas al capacitarse como coach certificada en finanzas personales en el Instituto de Finanzas Personales. Doy fe de ese compromiso como su profesor por unas dieciocho semanas de capacitación. No hay mayor satisfacción que ver su gran crecimiento y luego ver en acción todo lo aprendido.

La labor que hace Yazmín es impactante. Ver cómo su programa de radio orienta a las personas en las finanzas personales, los artículos que escribe a través de las redes sociales y su participación en talleres y charlas donde la invitan continuamente es impresionante.

Pero, el potencial de Yazmín era para más. En los talleres de su capacitación como coach financiera hablamos sobre la posibilidad de que escribiera un libro. En aquel momento era un sueño, una idea, una posibilidad. Hoy, me llena de orgullo poder ser parte de este proyecto, su libro *Prepara tu mochila financiera*, al escribir este prólogo. Tan pronto me dio la noticia y quiso compartir el borrador de este libro para recibir mis impresiones, me dije: «Ahora estoy aprendiendo de mi estudiante».

Lo primero que me impactó fue el título tan apropiado para este tiempo. Nos preparamos para muchas cosas en la vida, excepto las finanzas personales. El resultado es que no estamos listos para enfrentar y superar los eventos que pueden cambiar la estabilidad económica de las personas. Estos eventos pueden ser desempleo, reducción en la jornada laboral, un accidente o enfermedad que nos incapacite o la muerte del principal proveedor del hogar. Además, no podemos olvidar los desastres naturales como huracanes, terremotos, incendios, erupción de un volcán, tsunamis, epidemias, etc. Nadie se escapa de estos escenarios.

La buena noticia es que la lectura de este libro te enseñará cómo prepararte; yo diría que te lleva a estar súper preparado y tener la mochila financiera totalmente equipada. Estarás listo para «prevenir huracanes financieros» o «hacerle frente a los terremotos en tu cartera» y alcanzar una vida próspera. Yazmín nos comparte los componentes esenciales para que esa mochila financiera esté lista en todo momento. La verdad es que todos los «suministros» que describe están completos, y la oportunidad de una vida próspera está al alcance de todo el mundo.

Amigo lector, te animo a que leas y apliques las estrategias poderosas que se comparten en este libro. No olvides invitar a otros a que adquieran este libro que, con sus consejos tan asertivos, los preparará financieramente para tiempos de incertidumbre. ¿Qué nos queda hacer? Lo único que falta es el paso de la acción: prepara tu mochila financiera hoy. Estoy seguro de que Dios te acompañará en la misión de alcanzar una vida próspera.

Profesor José A. Medina, MBA, CCFP, CPFC, CEPF

Coach y educador certificado en finanzas personales

Director Instituto de Finanzas Personales

Fundador de Finanzas Al Máximo

Aviso de huracanes
y terremotos en tu cartera

Si estás leyendo este libro, tienes algún interés o preocupación sobre tus finanzas. Te felicito, porque el primer paso es reconocer que nos falta información o que podemos mejorar lo que ya sabemos. Ahora bien, espero que estés listo para hacerle frente a la tormenta, porque aquí vamos a discutir a plenitud problemas como quedarte sin dinero, que lo que ganes no te dé para vivir, vivir endeudado, vivir de cheque a cheque, en fin, todos los «eventos atmosféricos» que pueden suceder en tu cartera. Pero, no te preocupes, porque aquí también te ayudaré a abastecer tu mochila financiera con los suministros necesarios para no solo sobrevivir, sino vivir una vida plena.

¿Por qué estamos hablando de una mochila? Desde el 2017, todos los que vivimos en la isla del encanto, Puerto Rico, somos expertos en hacer una mochila de emergencia, ya sea por el huracán María, los temblores que comenzaron en diciembre del 2019 o la pandemia que azotó al mundo, el Covid-19. Como nosotros, sé que muchos hermanos latinos pasaron por estas situaciones y otros países reciben embates diferentes, pero lo que sí es igual es que todos preparamos la mochila de emergencia.

Preparas una mochila para el inicio de clases, para una excursión, para cuando vas al hospital y conozco a algunos que simplemente las coleccionan, pero, ¿tu mochila financiera está lista? ¿Te gustaría alcanzar la libertad financiera?

Soy Yazmín Irizarry, y tengo veintiún años de experiencia en el manejo de riesgos financieros. Además, estoy certificada como coach y consejera financiera por el *Instituto de finanzas personales de Puerto Rico, una división de Finanzas al Máximo, avalado por el Sistema Universitario Ana G. Méndez y Fincert.org.*

En este libro plasmo las enseñanzas que le llevo a mis clientes y grupos de servicio, como iglesias y escuelas, porque me preocupa la cantidad de personas que se quedarían «a la intemperie» en la eventualidad de cualquier emergencia en sus finanzas.

Vivimos en un mundo donde el mercadeo, consumismo y lo que es tendencia nos hipnotiza. Muchas personas quieren cosas, aunque no las necesiten, y viven de cheque a cheque. El sistema nos enseña a ser médicos, ingenieros, maestros, etcétera, pero no nos enseña a administrar el dinero.

Las causas para los huracanes y terremotos financieros que vemos hoy día son varias:

- El avance de la tecnología convirtió el dinero en algo completamente abstracto. Las tarjetas de crédito y aplicaciones te facilitan las compras y transacciones de manera tal que no analizas lo que estás gastando y los efectos «atmosféricos» que esto puede causar.
- Hace unos años, participé de una excursión con un grupo de jóvenes de escuela superior. Demás está decirte que no aguanté la tentación e hice una encuesta sobre planificación financiera. El resultado fue que el 63% no sabía lo que es planificación financiera, al 68% no le habían hablado de lo que se trata, el 50% no sabía la importancia que tiene en sus vidas y el 90% no ha leído sobre el tema. Si en la escuela no lo enseñan, ¡le toca a los padres enseñarles!
- Una de las preguntas que hago en nuestros seminarios de adultos es: ¿quiénes de ustedes hacen un presupuesto? En un grupo de cincuenta personas, apenas tres te dicen: «en algún momento lo he hecho». La realidad es que la mayoría desconoce la importancia del mismo.
- La empírica o crédito es tu radiografía financiera, pero, ¿sabes el por qué? ¿De dónde sale, y cómo se afecta? Esta lectura te ayudará a comprender estas interrogantes.
- Antes de gastar en algo, ¿te has preguntado si lo quieres o lo necesitas?

- ¿Entiendes y conoces tus responsabilidades con las contribuciones?

En este libro encontrarás los pasos para ser próspero económicamente, la importancia de no poner todos los huevos en una misma canasta, y cómo hacer un buen cimiento o base para construir tus finanzas de manera sólida. La meta es que tengas libertad financiera, inclusive en tu retiro, y te enseñaré a planificar y calcular tu necesidad económica para ese momento. Tu mochila financiera estará llena.

En el libro más leído del mundo, la Biblia, encontrarás en Mateo 7:24 una de las enseñanzas más enriquecedoras de las escrituras, «Por tanto, todo el que me oye estas palabras y las pone en práctica es como un hombre prudente que construyó su casa sobre la roca.» Este capítulo de Mateo nos ayuda a entender la importancia de poner todo lo que te propongas en la vida sobre bases firmes y cimientos fuertes, incluyendo tus finanzas.

Si no te motivas a trabajar las finanzas de manera individual (micro), podrás ser una más de las estadísticas de quiebras a nivel mundial (macro). Si quieres ayudar a cambiar el mundo, comienza planificando tus finanzas personales.

Me hubiese encantado tener un libro como este en mi juventud, que me ayudara a preparar mi mochila financiera desde mis principios. Por eso, te invito a leer este libro y a enamorarte de la planificación financiera, para que puedas comenzar a establecer metas a corto, mediano y largo plazo.

Te ayudaré a sentar las bases de tus finanzas preparando tu mochila financiera con siete suministros esenciales, que te llevarán a enfocarte en tu plan de acción. Por ende, un gran porcentaje de tus preocupaciones estarán resueltas, dándote la libertad y salud financiera que tanto anhelas para ti y tu familia.

Los siete
suministros esenciales

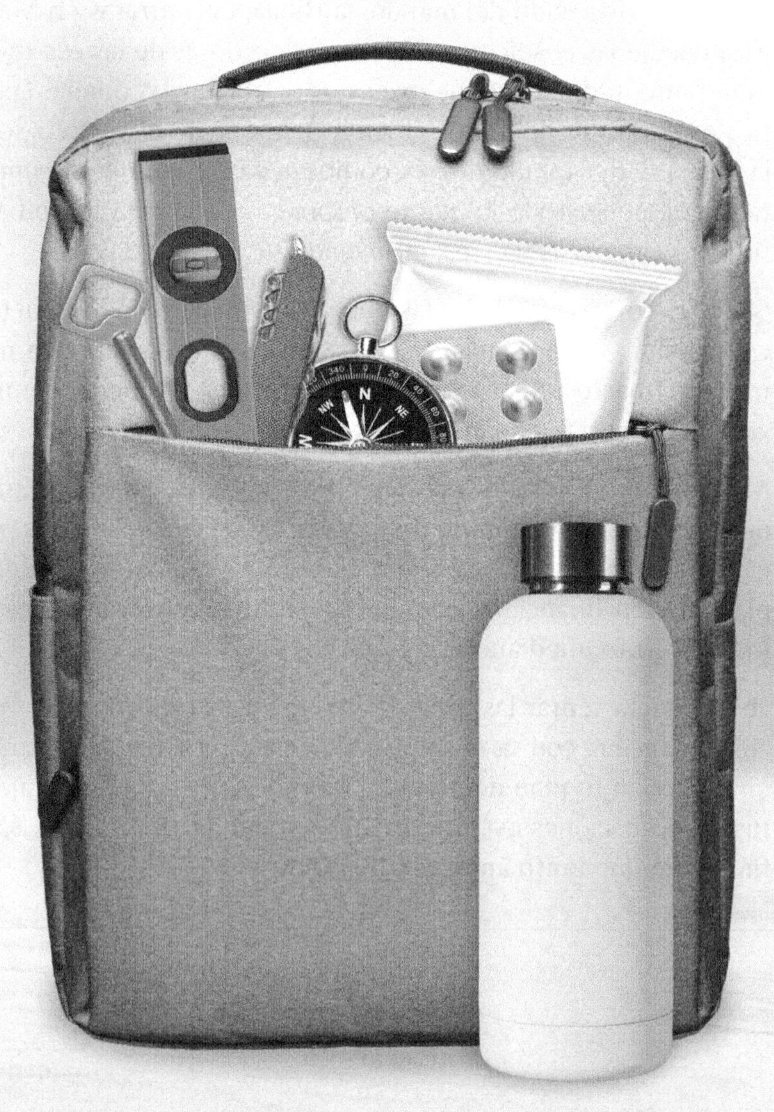

1. **La llave maestra** – Aprenderás a manejar tu dinero, ahorrar, llevar un presupuesto y mejorar tu puntaje crediticio.

2. **El nivel** – Vamos a construir tu vida financiera desde la zapata hasta el techo aprendiendo sobre el manejo de riesgos financieros.

3. **La herramienta multiusos** - ¿Has oído el refrán: «no pongas todos los huevos en la misma canasta»? Aquí aprenderás a no poner todos los suministros en el mismo lado de tu mochila financiera.

4. **La brújula** – Hablaremos sobre tu norte financiero usando la planificación contributiva.

5. **La píldora** – Hay un alivio para eventualidades dolorosas en tu vida financiera, y es la planificación del caudal relicto. Aquí hablaremos sobre un plan para la administración y disposición de los activos de un individuo luego de la muerte.

6. **Ración de combate o MRE** - ¿Con qué vas a «alimentar» tus planes financieros? Veremos todos los instrumentos legales a tu disposición.

7. **Agua** – Te ayudaré a planificar un retiro digno y refrescante.

Mi propósito es ayudarte a preparar la mejor mochila financiera para que logres con éxito tu travesía en la vida. Esa travesía será mucho más fácil, pues tendrás un buen mapa. ¿Recuerdas a *Dora La Exploradora*? Ella no iba a ningún lado sin su mapa mágico, y ahora tú tendrás el tuyo.

¿Podemos hacerlo? ¡Sí, podemos!

Suministro #1: La llave maestra

Manejo del dinero

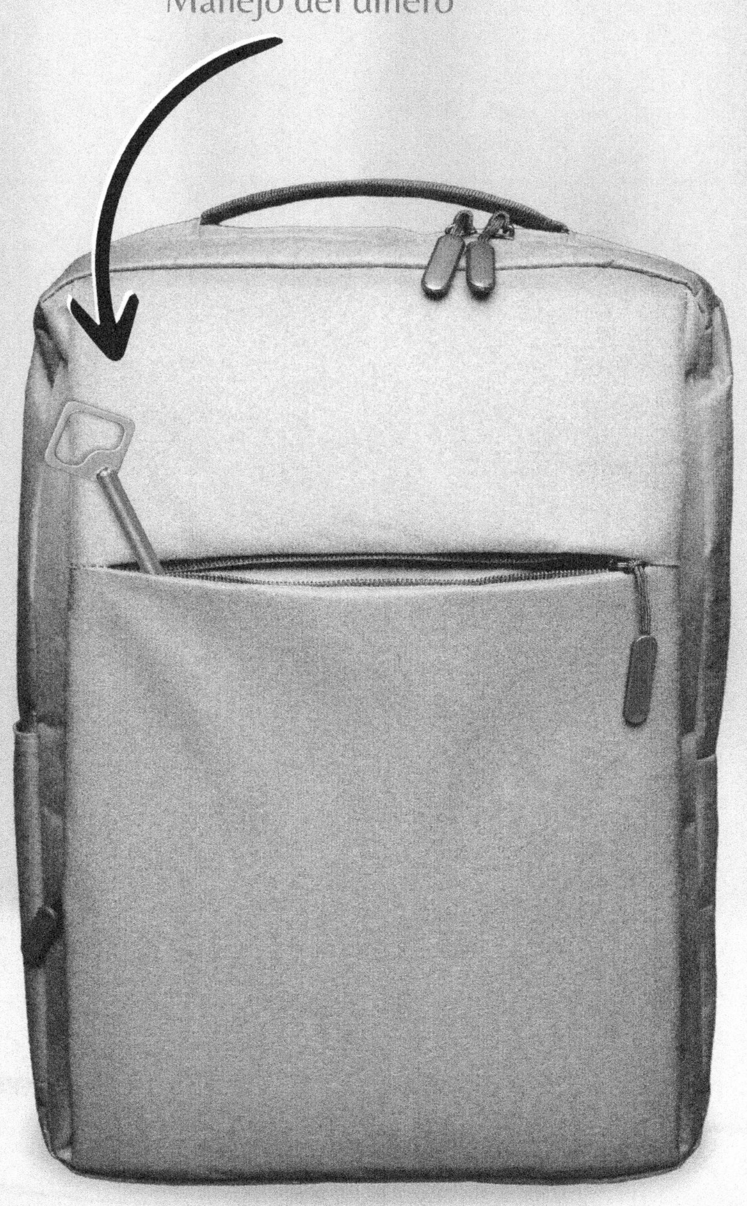

Abriendo puertas - manejo del dinero

El manejo del dinero es el primer paso de la planificación financiera. Este suministro te enseñará a administrar el dinero de manera sabia, trabajando bancos de reserva y a su vez tu crédito de manera efectiva, abriendo puertas para tu futuro financiero.

Mónica se encontraba en la búsqueda de un cambio de compañía, lo cual requería una puntuación de crédito saludable. Ella no estaba en su mejor momento, pero jamás pensó que este fuera un requisito indispensable para un trabajo. Inmediatamente, comenzamos la evaluación de sus deudas, utilizando los informes de crédito y un análisis financiero. Trabajamos en su presupuesto, la pude dirigir, y junto con su disciplina y enfoque, les puedo decir que las finanzas de Mónica cambiaron exitosamente, logrando subir su puntuación crediticia de 550 a 775. Actualmente, ejerce en el trabajo de sus sueños.

Lo más importante de esta historia es que, al poner en acción los conocimientos adquiridos y poner sus finanzas como prioridad, Mónica obtuvo los resultados que deseaba, y más aun, paz mental. El primer paso para manejar tu dinero definitivamente es tener la disciplina de hacer un presupuesto, monitorearlo y, a su vez, trabajar en el historial crediticio. Historias como la de Mónica me llenan de alegría y me reafirman que estoy haciendo lo correcto.

¿Qué es lo que yo hago? Te ayudo a alcanzar tus metas económicas a través del manejo apropiado de tu dinero, y esto es lo que se conoce como planificación financiera.

Imagina tener una vida sin preocupaciones financieras, donde el protagonista seas tú y no la quiebra, un divorcio, la depresión o ansiedad a causa de la falta de administración de tu dinero. Esos puntos que acabo de mencionar están relacionados a una pobre planificación financiera. No dejes que sean parte de tu equipaje, tú tienes ese poder. El periódico *Angeles Times* del 27 de septiembre del 2018 publicó un artículo con los resultados de un estudio. El mismo postula que la generación del milenio cada vez es más exigente al escoger pareja para casarse, haciéndolo a edades más avanzadas cuando la educación, carreras y finanzas van por buen camino.

El estudio revela que la tasa de divorcios en los Estados Unidos se redujo un 18% de 2008 a 2016, según un análisis del profesor de sociología de la Universidad de Maryland, Philip Cohen. Por este artículo podemos inferir que una de las causas más frecuentes de divorcio a nivel mundial es el desconocimiento y desinterés de hablar sobre el tema del dinero en el noviazgo, lo que se arrastra al matrimonio. Sin embargo, vemos la tendencia de los jóvenes a ocuparse de indagar sobre el tema de las finanzas.

Es de suma importancia que, en el proceso de conocer a tu pareja, hablen de esto. Por ejemplo: ¿sabes cuántas deudas tiene?, ¿ha tenido quiebras?, ¿tiene banco de reservas o dinero ahorrado?, ¿cuáles son sus pertenencias?, ¿cuál es su empírica? Si no te atreves a hacerle estas preguntas a tu futuro cónyuge, entonces no están listos para casarse.

Comienza una relación con el pie derecho. Lo que afecta positiva o negativamente a tu pareja también te afectará a ti. Un estudio en la revista de salud pública europea en el 2012 encontró una relación directa entre las deudas y la salud mental. La evidencia recopilada en este estudio fue suficiente para concluir que los adultos endeudados son tres veces más propensos a tener un trastorno mental común que los adultos sin deudas.

Una de las ventajas del manejo del dinero y la buena planificación es que nos da libertad financiera. **Cuando hablamos de libertad financiera nos referimos a que tenemos la capacidad de pago y de enfrentar nuestras diferentes etapas de vida con estabilidad económica, lo cual significa que tenemos suficiente dinero para enfrentar cualquier situación.** Oímos mucho decir que el dinero no lo es todo, pero como dijo una de mis hijas: «el dinero no lo es todo, pero es un recurso que mueve el 90% de nuestras vidas».

Está en ti poder ser el mejor administrador de tu dinero. Recuerda que el dinero no es malo, es una herramienta que te llevará a donde desees, solo procura manejarla bien. La libertad financiera te permitirá ser una persona productiva, ya que podrás enfocarte en lo que estés haciendo sin preocupación de deudas.

Si planificas y trabajas en tu libertad económica, sin duda tendrás un retiro digno. Yo me imagino retirada, viajando por el mundo, conociendo culturas, leyendo un buen libro frente al mar sin preocupación ninguna, haciendo ejercicios con mis amigas, viajando con mi esposo, respirando paz y sintiéndome realizada. Cuéntame, ¿y tú, cómo te imaginas?

Hace algunos años, una amiga me regaló el libro *Su dinero cuenta*, de Howard Dayton, y uno de mis párrafos favoritos dice que en la Biblia hay 500 versículos acerca de la oración, 500 versículos acerca de la fe y 2,350 acerca del dinero y las posesiones. Esto nos deja ver que, definitivamente, es un área crítica y que el asunto del dinero es muy importante. Luego de haber leído ese libro, comenzamos a dar charlas en las iglesias, promoviendo la planificación financiera según el libro más vendido en el mundo, la Biblia.

Tres áreas del manejo del dinero

1) Presupuesto

Le llamamos la llave del éxito financiero. **El presupuesto es un plan que debes trabajar antes de que recibas tu dinero: pre = antes, supuesto = está supuesto a.** Se puede definir como un desglose de gastos e ingresos previstos para un determinado periodo de tiempo.

El presupuesto es una herramienta que nos ayuda a administrar el dinero y nos enfoca a gastar menos de lo que recibimos. Jamás debe faltar en nuestra mochila financiera.

Te ayudará como una brújula o *GPS* a seguir el camino correcto para que puedas llegar al destino financiero que deseas.

El presupuesto contribuye a:

1. Establecer prioridades
2. Ahorrar
3. Pagarte a ti mismo
4. Lograr metas establecidas

El presupuesto te ayudará a cumplir tus sueños. Podrás ahorrar para esa meta específica, y evitarás gastar en cosas que no son necesarias.

Recuerdo que cuando estábamos planificando comprar nuestra primera casa, hice un cuadro en láminas con la casa de mis sueños. Era lo primero que veía cuando me levantaba, (buena estrategia), sin embargo, no fue hasta que plasmé ese sueño en números que sentí dirección y me enfoque en por qué y para qué tenía que trabajar. Podía monitorear mi meta específica y eso me daba paz. Un día, me levanté y le dije a mi familia: estamos listos. Hoy puedo decir, «meta realizada».

¿Con qué meta estás trabajando o quieres comenzar a trabajar? ¿Ya la escribiste en números en tu presupuesto?

En fin, el presupuesto como plan de acción te permite evaluar, controlar, ajustar y modificar tu estilo de vida, conociendo lo que recibes y lo que sale de tu bolsillo. Te da la capacidad de maximizar lo que posees y lo que puedes llegar a tener, tomando en cuenta tus responsabilidades mensuales.

En nuestro proceso como familia el presupuesto fue una clave esencial, ya que renovó la seguridad financiera y nos dimos cuenta de cuán sólidos estaban nuestros cimientos económicos y lo gratificante de nuestros sacrificios.

Para hacer un presupuesto, los más cibernéticos pueden utilizar aplicaciones tales como *Accounting App, Daily Budget, Spending, Excel, Mobills Budget Planner, Monefy* o *Quickbooks*, entre otras. De igual forma, un lápiz y un papel te resuelven. Debes tener tu presupuesto disponible en todo momento para que puedas hacer revisiones y registros. También, debes invertir el tiempo necesario para hacerlo lo más preciso y ajustado a tu realidad.

Antes de comenzar a preparar el presupuesto, debes conocer algunos conceptos y etapas relacionados al mismo:

1. **Ingreso** - Cantidad de dinero ganada
   a) Ingreso bruto - Ingreso antes de deducciones, por ejemplo, si trabajaste diez horas a $7.25, tu ingreso bruto es de: $72.50
   b) Ingreso neto - Lo que recibes en tus manos, cheque o cuenta, luego de deducciones.
2. **Egresos** - Gastos
   a) Gastos fijos - Son los gastos que no cambian (pago de casa, renta de apartamento, mensualidad del auto, colegio, préstamo personal, etc.)
   b) Gastos flexibles - Estos gastos varían, pero son necesarios (luz, agua, gasolina, etc.)

c) Gastos discrecionales - Varían de acuerdo a nuestra fuerza de voluntad (salidas al cine, comer fuera del hogar, compras por impulso, etc.)

3. **Ahorro** - Guardar dinero para el futuro.

4. **Deuda** - Lo que se debe a alguien, un compromiso de pago obligado. Pueden ser préstamos, tarjetas de crédito, pago del auto, etc.

5. **Inversión** - Utilizar nuestro dinero o recurso para obtener ganancia futura. Podemos utilizar diferentes instrumentos como: IRAs, anualidades, fondos mutuos, 401k, seguros de vida con acumulación para suplementar el retiro, entre otros.

6. **Contribuciones** - Dinero que recibe el estado, reconocido en ley, mediante aportaciones obligatorias de nosotros los ciudadanos y que sirve para que el gobierno pueda cumplir con su función pública.

Es importante que entiendas que, dependiendo del evento de vida donde te encuentres, las partidas en el presupuesto pueden variar. Los eventos de vida según el libro *Techniques for Exploring Personal Markets* pueden ser:

- Graduación de escuela superior
- Graduación de universidad
- Primera oferta de trabajo a tiempo completo
- Mudarte de casa de tus padres
- La compra de tu primera casa
- Contraer matrimonio
- La llegada de tu primer bebé
- Cambio de trabajo
- Divorcio
- Comienzo de un negocio
- Atender a tus padres mayores
- Recibir una herencia
- Cuando tu último hijo se independiza
- Cuando te retiras
- Tienes nietos

Luego de identificar en qué etapa de vida estás y las diferentes necesidades que tienes, te sugiero dividir tu dinero en porcentajes para las diferentes categorías que debes trabajar en el presupuesto. Las categorías son las siguientes:

- Ahorros- mínimo 5%- ideal 10%
- Seguros-3%
- Inversiones-5%
- Vivienda-38%
- Alimentos-13%
- Transporte- 14%
- Gastos médicos y salud- 4%
- Ropa-3%
- Educación/cuido-4%
- Deudas- 5%
- Entretenimiento/vacaciones-3%
- Caridad/regalos y otros- 3%

Recuerda que estas son sugerencias, ya que cada caso es diferente dependiendo de la etapa que te encuentres, ingresos, núcleo familiar, etc. Un ejemplo es el siguiente: si ganas $2,500.00 mensuales, lo sugerido para gastar en el área de vivienda es un 38%, lo que significa que deberías gastar un máximo sugerido de $950.00 en esta categoría, incluyendo el pago de hipoteca.

Para enseñarle estos conceptos a los más chicos, podemos usar la regla 40/50/10. Puedes decorar tres envases: a uno le escribes *Ahorro e inversión* – 40%, al segundo le escribes *Gastar - 50%* y al tercer envase le escribes *Dar – 10%*.

Con el envase de Ahorro e inversión (40%) aprenderá la importancia de guardar dinero, y si surge algún imprevisto, siempre tendrá para resolver.

En el segundo envase guardará el 50% para gastar. Enséñale que tendrá responsabilidades, y que de ese frasco se deben pagar las responsabilidades y a su vez cada cierto tiempo podrá comprarse algún juguete o artículo que desee. Créeme que comenzará a poner en práctica el «lo quiero o lo necesito».

El tercer envase lo debe usar para dar. Para esto debe separar un 10%. Este último envase jamás debe faltar. Debemos enseñarle a nuestros niños la importancia de dar de lo que poseemos y que, cuando lo hacemos sin esperar nada a cambio, lo que damos regresará en bendiciones. Este envase lo puede utilizar para ayudar a alguna entidad benéfica sin fines de lucro, a algún anciano en necesidad o en la iglesia. Hay instituciones sin fines de lucro que tienen que ver con niños, animales, etcétera. Este acto le enseñará a tu hijo a compartir de lo que tiene y no de lo que sobra. Algunos versículos que podemos leer en la Biblia sobre este término son: 2 Corintios 9:7, Proverbios 11:25, 2 Corintios 9:10, 2 Corintios 9:11.

Todo lo que das de corazón llega a ti triplicado. Somos bendecidos para bendecir.

A modo de ejemplo, si tu hijo, recibe $10.00, lo ideal es que lo divida de la siguiente manera: $4.00 en el envase de ahorro e inversiones (esto le ayudará a crear la disciplina del ahorro) y $5.00 en el envase de gastar (podrá aprender el valor del dinero, ya que cuando desee algo, lo comprará con su dinero). En el último envase, el de dar, guardará el 10%, o $1.00. De esta manera, aprenderá a dar de lo que tiene. Es una manera sencilla y divertida de enseñar a los niños a ahorrar y manejar el dinero.

A continuación, encontrarás dos plantillas de presupuesto que diseñé para ti, ambas prácticas y sencillas para que puedas comenzar a trabajar en tus finanzas. Una es para los diferentes eventos de vida y otra está enfocada para jóvenes estudiantes de escuela superior y universidad. Independientemente del evento de vida en que te encuentres, recuerda que el presupuesto es «la llave del éxito financiero». Ponle dirección a tu vida financiera con la herramienta que dejará dinero en tu bolsillo. Te sugiero evaluar las plantillas mensualmente.

Para poder usar la plantilla de presupuesto para adultos, debes saber la diferencia entre una necesidad y un deseo. El ser humano tiene unas necesidades básicas. Cuando esas necesidades se satisfacen con soluciones que son más costosas porque así lo quieres, se convierten en deseos.

En esta plantilla verás que usamos un mes como ejemplo, pero, para hacer tu presupuesto, debes incluir los doce meses del año. Pasa a las próximas dos páginas donde verás el ejemplo del primer mes.

Plantilla de presupuesto para adultos

	Mes	Necesario	Deseo
INGRESO			
AHORROS (10% del ingreso)			
Christmas & Summer Club			
Fondos mutuos			
IRA/401K/*Keogh*			
Otros			
CONTRIBUCIONES			
Federales			
Estatales			
Fica/Seguro Social			
Propiedades			
Otros			
SEGUROS			
Vida			
Incapacidad			
Cuidado a largo plazo (*long-term*)			
Médico/Cáncer			
Auto/Casa/Sombrilla			
Otros			

	Mes	Necesario	Deseo
COSTO DE VIDA			
Casa, auto			
Mantenimiento de auto			
Deudas (tarjetas de crédito, préstamos)			
Comida (comestibles, almuerzos)			
Gastos médicos			
Entretenimiento (salidas, cine)			
Educación, cuido de niños			
Caridad, diezmo, regalos			
Servicios (agua, luz, gas)			
Teléfono, celular, internet, cable			
Fumigador, piscina, jardinero			
Belleza			
Lavado de ropa			
Mesada de los hijos			
Ropa			
Deportes, gimnasio			
Propiedades (2da casa, alquileres)			
Mascotas			
Otros			
TOTAL DE INGRESOS			
TOTAL DE GASTOS			
DÉFICIT O SOBRANTE			

A continuación, te comparto una plantilla de presupuesto para estudiantes. El estudiante debe llenar la columna de números estimados al principio del mes, proyectando cuáles serán sus ingresos y gastos. Al finalizar el mes, debe llenar la columna de números actuales dependiendo de lo que realmente se ganó o gastó. Al restarle los números reales a los estimados, podrá ver en qué renglones estuvo correcto, en cuáles se equivocó por menos y en cuáles se equivocó por más. Así, podrá ajustar sus números para el siguiente mes, o planificar mejor cómo usa su dinero.

Plantilla de presupuesto para estudiantes

CONCEPTO	ESTIMADO	REAL	DIFERENCIA
Ingreso Neto			
1-			
2-			
3-			
Ahorro			
Dinero guardado en casa			
Depósito en ahorros			
Reserva de emergencia			
TOTAL DE AHORROS			
Gastos fijos			
Alquiler			
Pago de auto			
Seguro de auto			
Seguro médico			
Seguro de responsabilidad pública			
Apartamento			
Otros gastos fijos			
TOTAL DE GASTOS FIJOS			

CONCEPTO	ESTIMADO	REAL	DIFERENCIA
Gastos flexibles			
Agua, luz, gas, etcétera			
Alimentos del supermercado			
Gasolina			
Ropa, zapatos, higiene personal			
Celular, internet			
Educación, libros, materiales			
Otros gastos flexibles			
TOTAL DE GASTOS FLEXIBLES			
Gastos discrecionales			
Alimentos fuera del apartamento			
Gimnasio, deportes, cuotas, asociaciones			
Cable TV, satélite			
Cine, conciertos, salidas sociales			
Salón de belleza, uñas			
Otros gastos discrecionales			
TOTAL DE GASTOS DISCRECIONALES			
TOTAL DE SOBRANTE O DIFERENCIA			

Luego de haber tomado el tiempo necesario en esta herramienta tan valiosa llamada presupuesto, si el total de tus gastos es mayor al total de tus ingresos, tienes que hacer modificaciones a las partidas de gastos, en especial en los gastos discrecionales, o debes aumentar tus ingresos.

Si el total de tus ingresos es mayor al total de los gastos, tienes dinero adicional para acumular en ahorro para planes futuros. ¡Felicidades!

Este proceso del presupuesto te deja saber con exactitud tu *net worth*, que es lo que realmente posees, o tu valor neto. Para hacer ese cálculo, debes restar los pasivos a tus activos, teniendo en cuenta que todos los años el resultado debería aumentar a tu favor. Es por eso que el seguimiento es importante. **Recuerda: el conocimiento con acción nos da poder.**

Los activos se definen como lo que poseemos libre de deudas, tales como: reservas de efectivo, cuentas de ahorros, cheques, certificados de depósito, los 401K planes *Keogh*, las anualidades, IRAs, acciones y seguros de vida con acumulación ya saldos, propiedades como casas, terrenos que hayas terminado de pagar o la parte que has pagado.

Los pasivos son lo que debemos. Algunos ejemplos son: balances en préstamos, tarjetas de crédito y deudas personales.

Recuerda que para un *net worth* saludable debes preguntarte siempre: ¿lo quiero, o lo necesito?

¿Te ha pasado que estás limpiando tu armario y encuentras ropa o artículos con las etiquetas de compra, o un par de zapatos que se dañó sin usarlo? En ese momento te das cuenta de que compraste por emoción, porque lo querías, pero no lo necesitabas.

Te invito a que cada vez que te surja ese sentimiento de comprar, te pares frente al artículo y te preguntes tres veces: «realmente, ¿lo quiero o lo necesito?» Esto no significa que no te compres algo que te guste. Significa que vas a comenzar a presupuestar y planificar. Si sabes la cantidad que cuesta el artículo, la divides por una cantidad de meses que te permita ahorrar el dinero para la compra.

Por ejemplo, si el artículo cuesta $75.00, vamos a dividirlo en cuatro meses (esto dependerá de la urgencia del mismo, pueden ser más meses, puede ser menos). Debes ahorrar $18.75 por cuatro meses y tendrás el artículo deseado. De esta manera, si es algo que realmente necesitabas, lo vas a comprar. De no ser así, en el proceso se descarta y tendrás dinero ahorrado.

Me encontraba en un centro comercial con mis hijas haciendo unas compras necesarias, y de repente me hipnotizó aquél único atuendo de ejercicios. Una de mis hijas me acompañó al probador, y luego de probarme la ropa me dice:

—Mami, ¿te puedo preguntar algo?

—¡Claro, hija!

—¿Lo quieres, o lo necesitas?

En ese momento creí que me habían echado un balde de agua fría. Tuve muchas emociones encontradas, pero firmemente le contesté,

—Hija, tienes toda la razón. Lo quiero, pero no lo necesito.

Así, mi hija me dio la lección del día y me ayudó a no caer en la tentación.

Ese día reforzó la frase *lead by example*, o lidera con el ejemplo. Nuestros hijos, compañeros y familiares están viendo todo nuestro comportamiento. Somos sus modelos a seguir. Le doy gracias a Dios porque mi siembra está dando buena cosecha. Las preguntas son: ¿qué estás sembrando en el área financiera para tu familia? ¿Cómo sabes si lo quieres o lo necesitas?

Para poder contestarlas, debes saber diferenciar entre necesidades, deseos, anhelos, lujos y caprichos.

- Necesidades: **necesidades** o cosas menesteres básicas del ser humano.
- Deseos: **necesidades** satisfechas con una solución de más alta calidad y **alto precio**.
- Anhelos: compras de bienes y servicios que, a pesar de que **no son necesidades** del ser humano, nos permiten disfrutar de una **mejor calidad de vida**.
- Lujos: compras de **alto precio** de bienes y servicios que **no son necesidades** para la subsistencia del ser humano.
- Caprichos: compras de bienes y servicios de **cualquier precio** que **no son necesidades** para la subsistencia del ser humano.

Vamos a poner esto en contexto con un ejemplo concreto usando un teléfono celular. Hay teléfonos celulares que lo único que hacen es conectar llamadas y enviar mensajes *SMS* (de texto). Para la mayoría de las personas este tipo de teléfono cubre perfectamente la necesidad de comunicación de hoy día. Sin embargo, los dueños de negocios que necesitan usar otras aplicaciones y estar conectados al internet en su día a día, necesitan un teléfono celular inteligente (*smartphone*).

Ahora bien, aun esas personas que necesitan un teléfono celular inteligente tienen opciones:

- Necesidad: teléfono celular inteligente.
- Deseo: tener un iPhone en vez del modelo más económico.
- Anhelo: comprar aplicaciones especializadas en vez de usar las que son gratis, como por ejemplo, comprar una aplicación de calculadora científica en vez de usar la aplicación básica de calculadora gratis.
- Lujo: que el iPhone tenga una cubierta de oro con diamantes incrustados.
- Capricho: comprar muchas cubiertas plásticas de diferentes colores para combinarlas con la ropa.

En una de las designaciones financieras que obtuve con el Prof. José Medina, del *Instituto de finanzas personales de Puerto Rico*, llevamos a cabo dos dinámicas que impactaron nuestra forma de pensar acerca de las prioridades en nuestras vidas, y hoy las quiero compartir contigo.

Dinámica para identificar conceptos
de necesidades básicas del ser humano

Escribe al lado de cada palabra las letras N, D, A, L o C, según corresponda. Compara tus respuestas con las que se discutirán al finalizar esta dinámica.

N= Necesidades: Necesidades básicas del ser humano.

D= Deseos: Necesidades básicas satisfechas con una solución de más alta calidad.

A= Anhelos: Compras de bienes y servicios que, a pesar de que no son necesidades básicas del ser humano, nos permiten disfrutar de una mejor calidad de vida.

L= Lujos: Compras de alto precio de bienes y servicios que NO SON necesarios, que NO SON necesidades básicas para la subsistencia del ser humano.

C= Caprichos: Compras de bienes y servicios de cualquier precio que NO SON necesarios y NO SON necesidades básicas para la subsistencia del ser humano.

____ 1. Comida	____ 16. Teléfono celular inteligente (*smartphone*)
____ 2. Ropa/zapatos	____ 17. Gimnasio
____ 3. Estudiar en Harvard	____ 18. Sistema de alarma
____ 4. Celular	____ 19. Suscripciones (*Netflix*, etc.)
____ 5. Piscina	____ 20. Reloj
____ 6. Vacaciones	____ 21. Fiesta de cumpleaños
____ 7. Televisor	____ 22. Comidas en restaurantes especiales
____ 8. Radio	____ 23. Turismo en las montañas
____ 9. Transporte	____ 24. Vitaminas
____ 10. Yate	____ 25. Teléfono
____ 11. Educación	____ 26. Juguetes
____ 12. Casa de vacacionar	____ 27. Vestimenta
____ 13. Vivienda	____ 28. Viaje a Europa
____ 14. Computadora	____ 29. Regalos de Navidad
____ 15. Auto Deportivo	____ 30. Mascotas (perro, gato, etc.)

Contestaciones: 1-N, 2-N, 3- A,L 4- N, 5-A,L 6-N,A, 7- D, 8-N, 9-N, 10- L, 11- N, 12- A,C,L 13-N, 14-N, 15-C, 16-A, 17-D, 18-D, 19-D, 20-D, 21-D, 22-D, 23-D, 24-D, 25-D, 26-D, 27-N, 28-L, 29- D, 30- D.

Sabemos que no todos tenemos las mismas prioridades, ya sea por la profesión, núcleo familiar, etc. Sin embargo, hay un factor en común: la mayoría de las cosas no las necesitamos, simplemente son un anhelo, capricho, lujo o deseo.

Ya que entiendes lo que es una necesidad, un deseo, un anhelo, un capricho y un lujo, estás listo para trazar tus metas en orden de prioridad. Tu presupuesto y metas deben trabajarse en conjunto, ya que los ajustes en tu presupuesto dependerán de tus metas y la meta a trabajar dependerá de tu presupuesto. Recuerda que las metas financieras no se logran todas al mismo tiempo, no es un asunto de velocidad sino de constancia.

 **Para que una meta sea válida, debe tener los siguientes atributos:**
1. Realista- que sea alcanzable.
2. Tiempo específico- en cuánto tiempo lo vas a lograr.
3. Importante, específica, medible, retadora.

Si la meta no tiene uno de estos atributos, se quedará meramente en una buena intención. Las metas financieras deben comunicarse con todos los involucrados, y debes asegurar que todos las entiendan. Así, todos podrán remar hacia una misma dirección.

En mi caso, cuando me propongo una meta suelo compartirla con alguien, y de esta manera sé que tengo que cumplirla, ya que hay una persona que estará pendiente a que mi meta se lleve a cabo. Busca una o varias personas de confianza, diles cuáles son tus metas financieras y te sentirás doblemente comprometido con trabajarlas. Debes dividir tus metas en las de corto plazo (un año o menos), mediano (uno a cinco años) y largo plazo (seis años o más).

¿Cuáles son tus metas financieras a corto plazo (un año)?

¿Cuáles son tus metas a mediano plazo (uno a cinco años)?

¿Cuáles son tus metas a largo plazo (seis años o más)?

Dinámica para evaluar metas

En esta próxima dinámica, evalúa cómo estás en tus metas. Escribe al lado de la frase la letra G si es una meta general o la letra E si es específica. Recuerda que la meta general es simplemente una meta que no tiene los atributos correctos para que puedan cumplirse, y las metas específicas poseen alguno de los atributos, como: realista, medible, importante, retadora.

	METAS GENERALES	METAS ESPECÍFICAS
Compartir más a menudo con mi familia		
Leer un libro de finanzas y uno profesional cada mes		
Meditar diariamente unos quince minutos		
Dedicar más tiempo a compromisos con la comunidad		
Cancelar tarjetas de crédito		
Asistir todos los domingos a la iglesia		
Leer más sobre liderazgo, motivación y negocios		
Cuidar mi salud física		
Viajar a Italia este próximo otoño con mi familia		
Tener más tiempo de calidad con mi pareja		
Invertir en mi retiro (10% de mi ingreso)		
Ayudar más a los necesitados		
Ahorrar mi fondo de emergencia para este verano		
Asistir a talleres		

Contestaciones: 1- G, 2-E, 3-E, 4-G, 5-G, 6- E, 7-G, 8-G, 9-E, 10-G, 11-E, 12-G,13-E,14- G

Por haber trazado e identificado tus metas, te ganaste la plantilla del *Reto de ahorro de las 52 semanas*, la cual encontrarás en nuestra página web: www.segurosyazminirizarrypr.com.

Tal vez has pensado que no tienes la disciplina para ahorrar o que simplemente no puedes hacerlo, pero hoy te explico cómo lograrlo. Comienzas la primera semana del año ahorrando $1, en la segunda ahorras $2, y así sucesivamente hasta que en la semana 52 ahorras $52. Al finalizar el reto, habrás ahorrado $1,378. Lo hacen al revés, ahorrando la primera semana $52, la segunda $51 y en las últimas semanas, cuando entienden que son meses más comprometidos por la temporada de fin de año, el ahorro es menor. El resultado es el mismo, hazlo como sea más cómodo para ti. Lo importante es completar el reto. Los que ya tienen una disciplina de ahorro pueden hacer el reto con $5.00 en vez de $1.00.

2) Reservas de efectivo

En el año 2005, el esposo de una amiga y clienta llegó a su trabajo y encontró las puertas del mismo cerradas con candados. De la noche a la mañana perdió su empleo, y por ende, su ingreso. Sin embargo, las deudas continuaban, tenían dos hijas que mantener y todos sabemos lo difícil que es recuperar tu ingreso buscando otra oportunidad. Aunque nunca perdieron la fe y sabían que se iban a reponer, fue en ese momento que reconocieron la importancia de tener reservas de efectivo o ahorros para una eventualidad.

Si eres soltero y trabajas, para hacer tu reserva de efectivo lo ideal es tener ahorrado seis meses de tus gastos mensuales. Por ejemplo, si tus gastos mensuales son de $1000, debes tener mínimo una cuenta de ahorros de $6,000 para cubrir eventualidades. Si estás casado, vives con tu pareja y ambos generan ingresos, deben tener bancos de reserva para tres meses de sus gastos mensuales, porque un ingreso puede ayudar al otro en un momento de necesidad.

Los que vivimos en la isla del encanto, Puerto Rico, vivimos en la autopista de los huracanes y además tenemos varias fallas geológicas, susceptibles a eventos que no están bajo nuestro control. Los temblores que comenzaron el 28 de diciembre del 2019 y que continúan todavía, seguidos de una pandemia, nos recuerdan lo vulnerables que somos.

Es por esto que deberías ahorrar un año de reserva de efectivo para que puedas cubrir tus gastos mensuales. De esta manera, tendrás paz mental en tus economías sin importar la eventualidad. Eso lo puedes hacer por etapas, poco a poco, pero lo importante es comenzarlo. **Puedes hacer una mochila de emergencia, pero si tu estructura financiera no pasa inspección, no te ayudará de mucho. En momentos así necesitamos estabilidad económica para poder subsistir y levantarnos más fuertes.**

Según tus bancos de reservas será la paz mental que tendrás. No dependas de nadie, depende de tu planificación. Recuerdo las palabras del Sr. José Mollincli (geomorfólogo), «tenemos que prepararnos para lo peor, esto va a continuar, lo que hace la diferencia en un terremoto es estar en una estructura segura». Es igual en las finanzas, preparamos la mochila financiera con los suministros necesarios y el conocimiento con la acción te llevará a tener una estructura financiera sólida.

La vida nos da lecciones, oportunidades para que veamos y entendamos cuáles deben ser las prioridades. Todos, en algún momento y en cualquier parte del mundo, hemos pasado por algún sistema atmosférico o alguna situación económica que nos estremece.

Los puertorriqueños nunca olvidaremos el huracán María, cuando volvimos a la época de las cavernas. No había servicio de agua, para tener el servicio de electricidad algunos esperamos tres, cinco, hasta ocho meses, los que tenían generadores de electricidad tenían gastos de gasolina diariamente, y el gasto era necesario pero exagerado.

Esta escuelita nos enseñó claramente la importancia de la planificación en todos los aspectos, pero, indiscutiblemente, el aspecto del dinero fue el detonante. Vimos las dos caras de la moneda: las personas que no le habían dado importancia al buen uso del dinero y las que sabiamente, como la hormiga, trabajaban sus finanzas. ¿Qué estás haciendo hoy al respecto? ¿Aprendiste la enseñanza?

3) El crédito

Sé que has escuchado hablar sobre el crédito, pero, ¿realmente sabes qué es?, ¿de dónde sale?, ¿cómo lo puedes trabajar? **Al crédito le llamo «nuestra radiografía financiera». Lo podemos definir como la habilidad para obtener dinero prestado.** En términos bancarios se llama préstamo. Es la promesa que haces de devolver el dinero que tomas prestado en adición a los intereses, que es lo que nos cobran por prestarnos.

Es importante tener buen crédito, ya que en situaciones de emergencia te puede ayudar. Imagina que algún familiar tenga alguna condición de salud costosa y que no tengas el suficiente dinero para ayudarlo. Tener un buen crédito te puede dar la oportunidad de obtener un préstamo, pagarlo a plazos y salvarle la vida.

El crédito te permite pagar compras grandes a lo largo de un periodo de tiempo, como una casa o comenzar tu propio negocio. Esta última se considera una deuda buena, ya que generará ingresos. ¿Recuerdas a Mónica? Un buen crédito te puede ayudar a encontrar el trabajo de tus sueños.

¿Te has hecho la radiografía financiera?

Existen los informes de crédito, que son documentos que el prestamista, o sea, el que presta, toma como base para decidir si te presta o no. En estos informes encontramos información personal, tales como quién eres, cuántas deudas tienes, si has realizado tus pagos a tiempo y si hay información negativa en los registros públicos, sentencias, quiebras, etc.

Las agencias que producen el informe de crédito y están autorizadas para los prestamistas y los consumidores son *TransUnion, Equifax y Experian*. Dichas agencias proveen un reporte libre de costo por año y previenen el robo de identidad. Puedes tener acceso a la información de tu informe de crédito desde tu computadora o celular a través de la página web, www.annualcreditreport.com.

Cuando solicites los informes, en vez de solicitarlos a la vez, una buena estrategia es solicitar un informe cada cuatro meses para monitorear que todo esté bien en tu crédito durante el año. Si deseas que alguno de los informes te indique la empírica, pagas $9.95 (al momento de esta publicación) y te envían el resultado con el puntaje de crédito. Estas compañías crediticias tienen oficinas de servicio al cliente en algunas ciudades.

En una ocasión, mi esposo fue víctima de robo de identidad y lo descubrimos por haber solicitado el informe de crédito como rutina. En ese momento, se percató de que tenía una cuenta «tirada a pérdida» en Carolina del Norte de una compañía de antenas satelitales. Pasamos por un proceso de aproximadamente seis meses haciendo declaraciones juradas, querella, etcétera. Todo esto, para poder probar el robo de identidad y que lo eliminaran de nuestro reporte de crédito.

Con esto les quiero decir que si a nosotros nos sucedió, con todo el seguimiento que le damos, te puede pasar a ti. Tal vez te surja una oportunidad que no puedas aprovechar por encontrarte con este obstáculo, así que te exhorto a que, de ahora en adelante, solicites tus reportes de crédito gratuitos para tu evaluación. Otra manera de monitorear tu crédito es a través de aplicaciones tales como *Credit Karma*, entre otras *(advertencia al lector: estas compañías usan intermediarios, por lo que se exponen al robo de identidad)*. Esta que les menciono es una de mis favoritas y nunca he tenido problemas, pero es importante tomar las debidas precauciones, tales como monitorear los reportes por otras fuentes y vigilar la información que ponemos en la aplicación.

El puntaje crediticio, conocido como empírica o *credit score*, es el número que ayuda a los prestamistas a determinar el riesgo crediticio, o sea, si me prestan o no.

Ese riesgo dependerá del tipo de deudas, deudas a corto o largo plazo, cantidad y valor de las deudas, cantidad y frecuencia de atrasos, cantidad y valor de cuentas en pérdidas o que no se pagaron, nivel de endeudamiento, bancarrota y otras variables.

Encontrarás dos tipos de puntaje, y se diferencian por la fórmula que utilizan:

FICO (*Fair, Isaac and Company*) - Utiliza la puntuación del 300 al 850. En 1956, a Bill Fair y Earl Isaac les surge la idea de utilizar esta puntuación para poder medir el riesgo financiero de las personas. De sus nombres proviene el nombre de FICO.

Ventage score - Asigna una puntuación del 501 al 990. Esta fórmula se trabaja por promedio de la suma de las tres compañías crediticias, y es solo para uso del público y no para instituciones financieras.

La más utilizada es la FICO, que es a la que haremos mención cuando hablemos de riesgo crediticio. Podemos utilizar la analogía de las buenas y malas notas. La buena nota es cuando tienes un puntaje alto y, por ende, tus préstamos tendrán una tasa de interés baja. Eso significa que, al tomar dinero prestado, pagas menos. La mala nota es cuando tu puntaje es bajo, porque si te prestan será con una tasa de interés más alta o te denegarán el crédito.

La pregunta es: ¿puedes subir tu rango o nota? Sí, con disciplina, educación, prevención y mentoría. Aquí un ejemplo del FICO *score*:

Clasificación de puntaje	Rango (nota)
850-800	A+
799-740	A
739-720	B
719-670	C
669-600	D
600 o menos	F

¿Te has preguntado alguna vez cuáles son los factores que afectan el crédito positiva o negativamente?

Uno de estos factores es el historial de pago (un 35%). Ese historial dependerá de que hagas tus pagos a tiempo. Te recomiendo que utilices una agenda, ya sea convencional o electrónica, para que no olvides tus días de pago. El porcentaje de este factor es muy alto para permitir que se dañe tu crédito o baje tu empírica por un descuido.

¿Cuánto compras con tu línea de crédito? Esto impresiona muchísimo. Si tu línea de crédito es de $5,000, lo máximo que debes tener en balance para que no se vea afectado tu crédito es un 30%, o $1,500. Debes estar atento a esto - si actualmente tienes cuentas con esta situación, debes establecer un plan de acción inmediatamente para comenzar a bajar esos balances a lo requerido.

Otro de los factores es el tiempo del crédito (15%). Si llevas mucho tiempo con un mismo proveedor, se entiende que eres leal y responsable. Por ende, esto ayuda a la empírica. Si eres de los que te pasas aplicando a tarjetas de créditos para obtener un descuento y luego cancelarla, esto afecta la empírica.

Las nuevas indagaciones son la ley del día, pero cada vez que permites que verifiquen tu crédito para ahorrarte un 10% en tu compra, ese mismo porcentaje es lo que bajará tu empírica. No caigas en la trampa. El uso y tipo del crédito combinado toma en consideración un 10%. Esto significa que, al tener un préstamo personal, de auto y tarjeta de crédito, estás combinando diferente crédito y si los utilizas bien puedes tener a tu favor un 10% en la empírica versus si solo tienes tarjetas de crédito.

Una de las resoluciones más comunes para principios de años, adicional a la de rebajar, es saldar deudas, en especial la de las tarjetas de crédito. ¿Has estudiado la factura de tu tarjeta de crédito? ¿La entiendes? Si no lo has hecho, te enseñaré con un ejemplo de una factura, la cual describo y muestro a continuación.

Juanito recibe su factura o estado de cuenta. Puede ver el número de cuenta, la fecha del estado y el resumen de la actividad de la cuenta en el mes pasado. Supongamos que la factura de Juanito refleja que el mes anterior tenía un balance inicial de $9,699.86 y que hizo un pago de $194. De esa cantidad, $107.84 se pagaron en intereses. Su balance actual es de $9,613.70. Juanito observa que el límite de crédito de su tarjeta es de $9,800.00.

Podemos inferir, según lo aprendido en la lectura, que el balance está a un 98% del límite, afectando la empírica de Juanito en un 30%. Lo ideal para mejorar su empírica sería balance al 30%, o que el balance máximo sea $2,940.

Al lado derecho de la factura, Juanito observa la información de pago actual donde le deja ver el nuevo balance de $9,613.70 y le indica que el pago mínimo es de $193.00. Si hace el pago luego de la fecha indicada, tendrá un cargo por atraso de $38.00. ¿Estás sacando cuenta del dinero que Juanito le está dejando a otras personas en vez de ponerlo a trabajar para él?

Por ley, la factura debe incluir la tabla de pago mínimo. La misma deja ver que si Juanito paga solo el mínimo requerido de $193.00, estaría pagando la deuda por veinticinco años, y al final de este periodo habrá pagado un total estimado de $20,327.00, o $10,527 más de lo aprobado en su línea de crédito. Si hace un pago mínimo de $325.00 por tres años, el total pagado sería $11,700.00 y tendría un ahorro sustancial de $8,627.

Ahora bien, ese pago sugerido mensual, en este caso los $325.00 por tres años, tiene que ser fijo para realmente poder saldar en ese tiempo. Enfatizo en esto, ya que las próximas facturas Juanito verá un número diferente.

Por eso, en el momento que decidas hacer el plan de acción para el saldo de tu tarjeta, debes quedarte haciendo el pago fijo que estaba en el último estado el día que tomaste la decisión de comenzar a saldar tu tarjeta de crédito. De no ser así, verás que no terminarás de pagar a los tres años.

Compañía tarjeta de crédito

Juanito
Número de cuenta: ****************
Fecha del estado: 04/15/2019

RESUMEN DE LA ACTIVIDAD DE LA CUENTA

Balance inicial	$9,699.86
Pagos	($194.00)
Otros créditos	($0.00)
Compras crédito	$0.00
Transferencias de balance	$0.00
Adelantos en efectivo	$0.00
Cantidad en atraso	$0.00
Cargos cobrados	**$0.00**
Intereses cobrados	**$107.84**
Balance nuevo	$9,613.70

Límite de crédito	$9,800.00
Crédito disponible	$186.30
Límite de crédito - adelantos de efectivo	$9,800.00
Crédito disponible - adelantos de efectivo	$186.30
Fecha cierre de estado	04/15/2019
Días en periodo de facturación	31

INFORMACIÓN DE PAGO

Balance nuevo	$9,613.70
Pago mínimo adeudado	$193.00
Fecha de vencimiento del pago	05/12/2019

Aviso sobre pago mínimo: Si el pago mínimo de este estado no se recibe para la fecha indicada, usted podría incurrir en un cargo por pago en atraso de hasta $38.00

Aviso sobre pago mínimo: Si usted efectúa solamente el pago mínimo en cada periodo, pagará más en intereses y tardará más tiempo en saldar dicho balance. Ejemplo:

Si usted no hace cargos adicionales en esta cuenta, y paga cada mes:	Usted saldará el balance reflejado en este estado en:	Al final de este período usted habrá pagado un total estimado de:
Solo el pago mínimo	25 años	$20,327.00
$325.00	3 años	$11,700.00 (Ahorro = $8,627.00)

PAGOS Y CRÉDITOS

Fecha de entrada	Fecha de transacción	Número de referencia	Decripción de la transacción	Cantidad
/	**/**	***********	Su pago en sucursal... Gracias	-$194.00

INTERESES COBRADOS

Interest charge – intereses en compras	$107.84
TOTAL DE INTERESES COBRADOS EN ESTE CICLO	**$107.84**

TOTALES PARA EL 2019

Total de cargos cobrados en 2019	$50.00
Total de intereses cobrados en 2019	$419.73

CÓMPUTO DE INTERESES COBRADOS

La Tasa de Porcentaje Anual (APR) es la tasa de interés anual de su cuenta

Tipo de balance	Tasa de Porcentaje Anual (APR)	Balance Sujeto a intereses	Intereses cobrados
Compras	13.24%	$9,583.21	$107.84
Adelantos en efectivo	20.49%	$0.00	$0.00

(v) = Tasa variable

RESUMEN DE PAGO

	Pago mínimo		Pago ajustado	
Principal	Interés	Tiempo	Interés	Tiempo
$9,613.00	$11,159.52	29 yr 6mo	$2,087.55	3yr 1mo
$9,613.00	**$11,159.52**		**$2,087.55**	

Pago mínimo		Pago ajustado	
Intereses pagados:	$11,159.52	Intereses pagados:	$2,087.55
Total pagado:	$20,772.62	Total pagado:	$11,700.55
Tiempo requerido:	29 años 6 meses	Tiempo requerido:	3 años 1 mes
Libre de deuda en:	11/01/48	Libre de deuda en:	06/01/22
		Ahorro de dinero:	$9,071.97
		Ahorro de tiempo:	26 años 5 meses

Es importante saber a qué interés están las compras y los adelantos en efectivo. Por ejemplo, las compras podrían estar a un 13.24%. Créeme, los he visto más altos. Si obtienes adelantos en efectivo, los intereses pueden llegar al 20.49%. ¿Te has puesto a pensar cuánto pagarás por un adelanto en efectivo, tal vez por no sacar tiempo para planificar? Juanito hacía un pago mínimo de $193.00 del cual aplicaban un 44% al principal. O sea, solo pagaba $85.16 y el otro 56% ($107.84) se perdía en los intereses.

¿Quieres dejarle tu dinero a las compañías de tarjetas de crédito, o prefieres ponerlo a trabajar para ti?

Luego de entender el estado de cuenta de la tarjeta de crédito, el próximo paso es saber cómo puedes eliminar balances si tienes varias tarjetas de crédito. Aquí podemos observar varios escenarios.

Escenario #1- Varias tarjetas de crédito por debajo del 30% de tu línea de crédito. Te recomiendo que comiences a pagar más cantidad a la de mayor interés y, cuando la elimines, continúa con la siguiente.

Escenario #2- Varias tarjetas de crédito, pero algunas tienen un interés menor y están a un 30% de la línea de crédito. En este escenario se recomienda comenzar a pagar más dinero a las tarjetas que están al 30% de la línea de crédito, ya que están afectando más la empírica. Luego de bajar del 30%, comienzas a pagar más a la de mayor interés hasta que las saldes todas.

Luego de trabajar en esto, verás como tu empírica mejorará significativamente. **Te exhorto a usar las tarjetas de crédito solo cuando tengas el dinero para pagar el balance inmediatamente.**

Luego de haber saldado las tarjetas de crédito, las puedes guardar en la casa. No es necesario cancelarlas, ya que la empírica toma en cuenta el tiempo que llevas con la línea de crédito. Ese tiempo te puede afectar positiva o negativamente en un 15%. Si tienes varias líneas de crédito, y te están afectando para alguna transacción porque sales muy comprometido, entonces pudieras cancelar una por trimestre, no todas al mismo tiempo. Es un plan que te puede parecer lento, pero será efectivo. Siempre recordando que la salud financiera de tu familia es importante.

Las tarjetas de crédito, utilizadas sabiamente, te dan la oportunidad de obtener puntos y redimirlos en artículos que necesites. Si tienes la disciplina para comprar y pagar inmediatamente, esa es una opción. De entender que no tienes la disciplina necesaria, es mejor que hagas tus compras con efectivo. Una tarjeta de crédito que deberíamos tener es una que, en una eventualidad, nos pueda dar de comer. De no ser así, no es necesaria.

Consejos para padres de hijos adolescentes

Si uno de tus hijos, o algún otro conocido cercano, está en la etapa de comenzar a hacer crédito, estos son consejos para ayudarle a comenzar su historial crediticio:

1. Puede solicitar un préstamo bancario pequeño, hasta de $500.00. Tal vez requiera la garantía, que se refiere a la firma de un familiar.

2. Si tiene dieciocho a veinte años, una tarjeta de crédito es ideal para comenzar a establecer responsabilidad crediticia, sin embargo, si el joven no tiene ingresos, el padre, madre o tutor debe ser el principal. Esta opción se puede solicitar en un banco o tienda al detal. De no ser una opción, puede comenzar haciendo un cambio de cuenta a crédito/débito en un banco. Existen instituciones que ofrecen tarjetas de crédito para estudiantes. Si el joven tiene ingresos, es una buena idea. Si la institución le aprueba el crédito, debe pagar la tarjeta tan pronto haga sus compras. A la vez que obtiene puntos en la tarjeta para redimir en diferentes cosas que necesite, estará trabajando en su crédito. No debe esperar a que sus compras generen intereses antes de pagar. Explícale los límites que hablamos en la lectura. Puede pagar la gasolina y almuerzos con la tarjeta, y al finalizar la semana hacer el pago total. Explícale cómo, dependiendo de su disciplina,

el buen crédito le ayudará en un futuro, ya que cuando quiera comprar su primera casa, carro, etcétera, contará con historial crediticio. Mientras más temprano se enamore de la planificación financiera, mejor saldrán sus proyectos a mediano y largo plazo.

3. De no cualificar para las primeras dos opciones, existe una alternativa donde el joven solicita su tarjeta de crédito con su propio dinero. Significa que la compañía le prestará su propio dinero y estarán evaluando la disciplina y la responsabilidad que tenga con la utilización de la tarjeta. Si la evaluación es positiva, le comenzarán a dar crédito adicional, y luego de varios meses de haber trabajado eficientemente con esta alternativa, la compañía le devuelve el dinero que depositó inicialmente.

4. Debe pagar sus facturas a tiempo.

5. Si los tiene, es conveniente mostrarle a los prestamistas su historial de pago de servicios (agua, luz, etcétera).

6. Debe mantener un nivel de deuda bajo.

7. Aconséjale que deposite el 10% de su dinero en una cuenta de ahorros cada vez que cobre u obtenga dinero, ya sea de regalos, bonos, etcétera.

8. Si es estudiante, dile que siempre busque los descuentos para estudiantes.

9. Para los estudiantes, hay diferentes sitios web donde pueden comprar los libros de la universidad a bajo costo.

10. Debe siempre proteger su información personal.

11. Siempre, siempre, siempre debe trabajar en su presupuesto.

¿Cómo preparar la mochila financiera desde antes de que el bebé nazca?

1. Planifica un *baby shower* con propósito - En la invitación puedes escribir algún artículo que necesites o hacer una lista de regalos necesarios de tu tienda favorita. Si ya te han hecho varios *baby showers*, puedes añadir en la invitación que, de querer traer algún regalo, el mismo sea en efectivo. De esta manera, podrás comenzar la cuenta de ahorro del bebé.

Ten una alcancía en el cuarto del bebé. Así, cuando lo visiten, esas personas tienen la opción de aportar a sus ahorros. Si eres el invitado al *baby shower*, regala con propósito - ya conoces algunos regalos que puedes hacer. Comencemos a regalar con propósito financiero.

2. Visita tu institución financiera favorita, establece una cuenta de ahorro y comienza a ahorrar para el futuro de tu pequeño, ahora.

3. Oriéntate sobre los instrumentos existentes para fondos de educación tales como IRAs educativas, fondos educativos en pólizas de vida con acumulación, etcétera. En los próximos capítulos describiremos estos términos.

4. Si el niño tiene entre las edades de dos a tres años, enséñale a echar dinero en la alcancía, vigilando que todas las monedas entren. La supervisión en esta edad es sumamente importante.

5. Entre las edades de tres a cuatro años, explícale por qué se echa dinero en la alcancía, y comienza a explicarle la importancia de ahorrar dinero. Dile que guardar dinero significa que, de necesitar o querer algo, podrá tenerlo en algún momento.

6. Deja que compre algún juguete que desee con parte de su dinero ahorrado, para que entienda el valor del dinero y la importancia de no gastarlo en cosas innecesarias. A la edad de cuatro años, una frase que le debes comenzar a enseñar es: ¿lo quiero, o lo necesito?

7. De los cinco años en adelante, llévalo al banco para que deposite lo que ahorró en su alcancía y que tenga la experiencia de hacer la fila y de que le den el servicio. Le dará motivación, responsabilidad, sentido de pertenencia e importancia al proceso. Querrá continuar ahorrando.

8. Cuando vayan al supermercado, enséñale lo que son los especiales y a analizar los precios. Muchas veces, lo más barato no es lo mejor, ya sea en calidad o cantidad. Explícale la importancia de llevar una lista de los artículos que necesita y cuál es la cantidad de dinero que tiene para gastar según el

presupuesto. Disfruta el proceso del supermercado con tus hijos, y sácale provecho a la inversión que estás haciendo en ellos.

9. Si tu hijo tiene de seis a siete años, es hora de enseñarles a dividir el dinero que le regalan o que se gana por las tareas en el hogar. Usa la actividad de las jarras o envases que discutimos en la página 22.

10. Dale una mesada semanal a tu hijo. La cantidad dependerá de la edad en que se encuentre. Él será responsable de pasar la semana con el dinero que tú le proveas. Enséñale cómo utilizarlo. Verás que, si compraba meriendas en vez de ir al comedor escolar, comenzará a ir al comedor y hasta dinero le sobrará para ahorrar o ir al cine.

11. Entre las edades de doce y trece años, siéntense a ver documentales y películas que hablen de economía, finanzas, y analícenla juntos. Ya a esta edad tu hijo debe saber lo que es una cuenta de ahorro, cuenta de cheque, tarjeta de crédito y débito.

12. Cómprale libros como este, que hablen sobre la importancia de las finanzas.

13. En la adolescencia, le debemos enseñar la importancia de tener el tiempo a su favor: mientras más temprano ponga el dinero a trabajar para él, mayor ganancia tendrá. Lo verás en la tabla del suministro #3.

14. A la edad de catorce años debes enseñarle a trabajar con la plantilla de presupuesto para sus actividades diarias. De esta manera, aprenderá a manejar el dinero que reciba en trabajos de verano, tareas en el hogar, mesadas, becas. Puedes utilizar la plantilla de estudiante que te ilustramos al principio del capítulo.

15. A los quince años puedes llevarlo al banco y ayudarlo a solicitar una tarjeta de débito de la cuenta de ahorros del adolescente. Puedes darle acceso a la aplicación de *ATH móvil*, donde estará aprendiendo cómo puede depositar y obtener dinero por el cajero electrónico y cómo desenvolverse cuando no esté contigo, todo esto con supervisión. De igual

forma, aprenderá a controlarse sin importar las flexibilidades y comodidades que pueda tener para obtener su dinero. Pide a la escuela o colegio que ofrezcan talleres del tema financiero. Nuestro equipo está listo para servirles.

16. Al cumplir dieciocho años debes comenzar a ayudarle a hacer su crédito, según mencionado antes en la lectura.

Regala suministros con propósito

A continuación, encontrarás un listado de juegos que pueden servir para la enseñanza financiera.

1. *Monopolio* - Cómo invertir dinero en una comunidad.
2. *Live* - Cómo utilizar el dinero en las diferentes eventualidades de la vida.
3. *Cash flow* - Cómo conseguir independencia financiera, del autor Robert Kiyosaki.
4. *Pánico en wall street* - Para niños de doce años en adelante. El tema del juego es la bolsa de valores. Tiene dos tipos de jugadores: empresarios e inversionistas.
5. *Money land* - Cómo conseguir independencia financiera.
6. *Anti-monopolio* - Cómo romper los monopolios establecidos en la ciudad y competir para volver a un mercado libre.
7. *Ethica* - Para jóvenes de quince años o más, les ayuda a entender cómo funciona el sistema financiero global. Descubren el impacto ambiental, social y demás factores externos que pueden tener los negocios y las inversiones.
8. *Bancarrota* - Este es el juego donde tendrás que perder para ganar, útil para aprender lo que no se debe hacer.
9. *Hotel* - Para niños de ocho años en adelante, el objetivo es ganar dinero y eliminar a la competencia.
10. *Fin de mes* - Los jugadores tendrán que pasar el mes y hacer frente a las deudas, multas y facturas, pero también podrán ganar dinero y conseguir no tener hipotecas.

Ya sabes cómo manejar la herramienta que deja dinero en tu bolsillo, hacer bancos de reserva, mantener en óptimas condiciones tu crédito y preparar por etapas la mochila financiera de tus hijos o niños en la familia. La pregunta obligada es: ¿estás listo para continuar preparando tu mochila financiera?

Lista de cotejo - lo aprendido con el suministro #1

_______ 1. ¿Ya trabajaste tu plantilla de presupuesto?

_______ 2. ¿Comenzaste a ahorrar?

_______ 3. ¿Estás trabajando en tus bancos de reservas?

_______ 4. ¿Solicitaste tu reporte de crédito anual gratis con _Transunion_, _Equifax_ y _Experian_?

_______ 5. ¿Sabes cuál es tu puntaje de crédito o empírica?

_______ 6. ¿Qué nota tienes en tu empírica? ________________

_______ 7. ¿Conoces los factores que afectan tu empírica?

_______ 8. Escribe tres cosas que puedes hacer para mejorar tu empírica.

      a) ________________________________

      b) ________________________________

      c) ________________________________

_______ 9. ¿Aprendiste a leer tus facturas?

_______ 10. ¿Comenzaste a enseñarle a tu hijo sobre el tema de las finanzas?

_______ 11. Si no tienes crédito, ¿cómo puedes comenzar a trabajarlo?

____

____

____

_______ 12. Si necesitas ayuda, ¿identificaste a un experto que te pueda ayudar?

____

____

____

¡Felicidades! ¡Empacaste con éxito el primer suministro de tu mochila financiera!

Suministro #2: El nivel

Manejo de riesgos

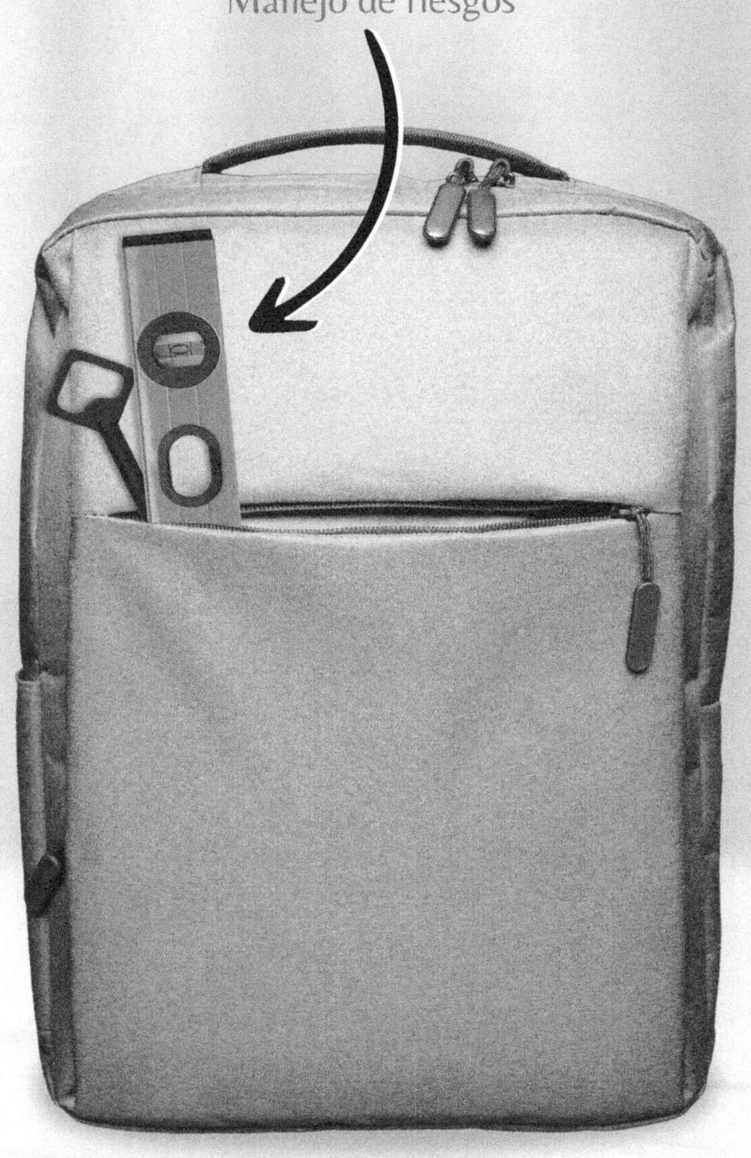

Los cimientos de tu estructura financiera - manejo de riesgos

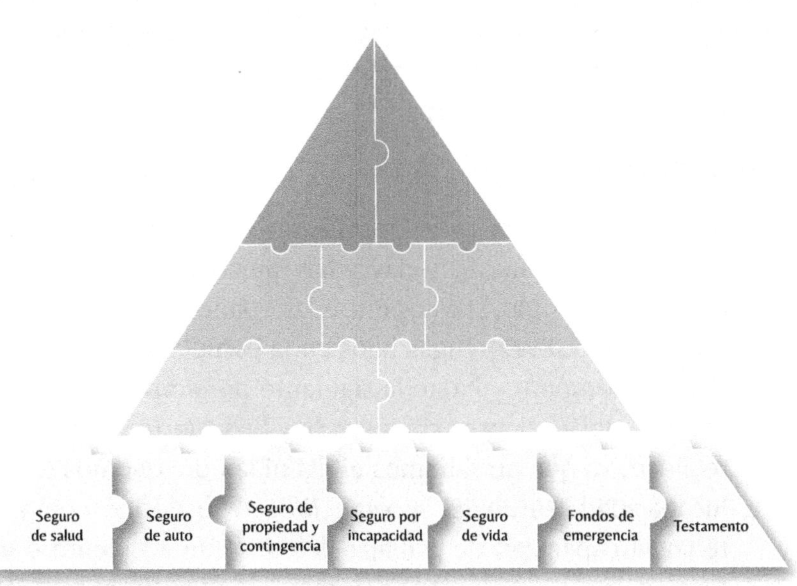

Al momento de construir una estructura es importante tener un buen cimiento o «zapata», pues este será el sostén de la misma y minimizará los riesgos de construcción. Esos cimientos deben estar bien nivelados y para eso se usa la herramienta llamada «nivel». En la planificación financiera es igual, ya que debemos tener una base buena, sólida y en balance para que el plan que desarrollemos sea permanente y exitoso.

En este suministro te explicamos cómo el manejo de riesgos afecta positivamente las diferentes etapas de tu vida. En la ilustración al principio del capítulo puedes ver la pirámide financiera, extraída del libro *Techniques for exploring personal markets* utilizado en *American College*. Verás cómo se completa a través de este capítulo. Nos enseña la importancia de una buena dirección en el área de la planificación.

Seguro que muchas veces te has preguntado, ¿cómo puedo comenzar a trabajar mis finanzas?, ¿cuáles son los pasos a seguir?, ¿qué debería hacer primero? Ahora que comenzamos el proyecto de tus finanzas, te llevaré de la mano paso a paso en esta construcción financiera. Como consejera financiera puedo identificar tus necesidades y ayudarte a trabajarlas en orden de prioridad. Comencemos a trabajar los cimientos de tus finanzas con el manejo de tus riesgos financieros.

Riesgos financieros

1. **Muerte prematura** (*life insurance*) - Significa que, al momento de tu muerte, todavía hay personas que dependen de ti. Por ejemplo, si estás entre las edades de treinta a cuarenta años, tal vez tengas hijos en la escuela. Cierra los ojos por un momento y hazte la siguiente pregunta: ¿qué pasará con mis dependientes si muero hoy? Es fuerte, pero es una realidad, ya que no sabemos el día ni la hora que nos toca.

2. **Incapacidad** (*disability income life*) - Se define como no tener la capacidad de trabajar debido a un accidente o enfermedad. Aquí se protege tu mejor activo: tu ingreso. Las estadísticas demuestran que cada cinco minutos ocurre una lesión fatal, y cada segundo ocurre una lesión que incapacita. Cada once minutos ocurre una muerte debido a un choque de vehículo motorizado; cada trece segundos ocurre una lesión incapacitante. En el hogar ocurre una lesión incapacitante cada cuatro segundos.

En el 2019, según *Injury Facts, National Safety Council* hubo 48.3 millones de lesiones en los Estados Unidos. Según el *Instituto Nacional del Cáncer,* alrededor del 39.5% de hombres y mujeres recibirán un diagnóstico de cáncer en algún momento de su vida (según datos del 2015 al 2017). En el 2013 la OPS indicó que al menos uno de cada tres adultos en la región de las américas tiene presión arterial alta o hipertensión, el principal factor de riesgo para enfermedades cardiovasculares y muertes en todo el mundo. Se estima que la hipertensión afecta a casi 1000 millones de personas en todo el mundo.

Más de 33 millones de norteamericanos viven con enfermedades pulmonares crónicas, tales como asma, enfisema y bronquitis crónica, según estadísticas del 2020 de la *American Lung Association.* En algún momento, una persona entre las edades de veinte a sesenta y cinco años se incapacitará y no podrá trabajar.

Mi esposo y yo estamos en una etapa de jóvenes adultos maduros y no estamos exentos a una incapacidad. Nuestras hijas están actualmente en la universidad y sus carreras conllevan largos años de estudio. Jamás quisiera que, por causa de una incapacidad y no planificar, mis hijas dejen de estudiar para cuidarnos.

Imagina que tienes unos ahorros e inversiones potenciales, pero no cubriste una incapacidad. De repente, una condición de salud o accidente toca a tu puerta y no te permite trabajar por un periodo de tiempo. Fuerte, ¿verdad?

Cada compañía puede tener una definición diferente sobre lo que es «incapacidad», ya que puede ser parcial o total. O sea, si puedes trabajar algunas horas en tu ocupación se puede considerar parcial, pero si simplemente no puedes trabajar, entonces es total.

Para que entiendas la importancia de construir cimientos fuertes, te contaré una historia. En octubre del 2017, recibí una llamada de una colega que quería reunirse conmigo, ya que quería expandir su portafolio de beneficios y deseaba orientarse sobre la cubierta de incapacidad. Coordinamos la cita y obtuvo la misma. Lo que nunca imaginamos fue que, cuatro meses después, tendría un accidente donde el diagnóstico médico fue que no volverá a caminar. Actualmente, está recibiendo beneficios mensuales de la póliza de incapacidad que complementan su seguro social. Esto no le devolvió la habilidad de caminar, pero le permitió tener paz mental, poder cumplir con sus responsabilidades mensuales y continuar con su tratamiento de una manera eficaz.

Esto no significa que suceda contigo, sin embargo, es un tema en el cual tal vez no sueles pensar. Nos creemos superhéroes en la vida real o, simplemente, por los ajoros diarios no nos detenemos a analizar la importancia de estar asegurados para estos eventos. Ves lo que le sucede a los demás, pero te quedas en una burbuja mental, pensando que a ti no te pasará. Los adelantos en la medicina nos permiten vivir más años. Sin embargo, la recuperación de una enfermedad grave con frecuencia requiere tiempo donde no se puede trabajar.

En escenarios como estos, si no tienes cobertura estarás retrocediendo tu construcción financiera al utilizar tus ahorros para tratamientos y cubrir responsabilidades mientras no puedes trabajar. Esta no debería ser tu única opción. Si tienes una cubierta de incapacidad o seguro de sueldo, cuando la misma se activa recibes una cantidad de dinero mensualmente que te proporciona una fuente de ingresos mientras te concentras en recuperarte, cubrir tus responsabilidades, mantener un estilo de vida óptimo y continuar trabajando el andamiaje de tus finanzas.

Cierra los ojos por un momento e imagina cómo tu estructura financiera se va levantando. Visualízalo. En el suministro #1 trabajaste tu presupuesto, y por ende, ya debes saber cuántos son tus gastos mensuales. Basándote en este número y tu ingreso, debes solicitar tu cubierta de incapacidad para que puedas cubrir tus responsabilidades mensuales. Las pólizas de incapacidad, por ley, no te aseguran el 100% del ingreso. Suele ser un 70%.

La cobertura tiene períodos de eliminación. Los periodos de eliminación que existen para cubiertas de incapacidad a corto y largo plazo varían entre 0/7, 0/14, 7/14, 0/30, 30/30, 60/60, 90/90, 180/180. El primer número de cada conjunto representa los días de eliminación (días antes de que se active el beneficio) de una incapacidad por accidente, y el segundo número representa los días de eliminación por una incapacidad por enfermedad. El periodo de eliminación a escoger dependerá de tus bancos de reservas y se escoge en el momento de completar el contrato de seguros.

Por ejemplo: si Juanito tiene una cubierta de incapacidad con periodos de eliminación 30/30 y se incapacita por un accidente que lo mantiene incapacitado por dos meses, la cubierta de Juanito se activa luego del día #30. Recibirá un mes de beneficio, porque se entiende que Juanito tiene los bancos de reservas para sufragar sus responsabilidades mensuales por los primeros treinta días. Si Juanito se incapacita por una enfermedad que duró seis meses y el periodo de eliminación que escogió fue el de 0/7, significa que la cubierta se activa después del día #7 hasta el periodo de beneficio que haya escogido en el momento de firmar el contrato.

3. **Fondos de emergencia** (*emergency funds*) - Como les relaté en el suministro #1, poder contar con ahorros que cubran de tres a seis meses de tus gastos te ayudará a cubrir tus

responsabilidades en el caso de una eventualidad. Si tienes negocio propio, debes tener tu banco de reserva personal y comercial.

4. **Plan médico** (health insurance) - Tener cubierta médica te ayuda a minimizar los efectos financieros por costos médicos y a proteger activos e ingresos por eventualidades, tales como una enfermedad o accidente. Los gastos médicos llegan sin llamarlos. En plena pandemia, existen personas sin cobertura médica. Los gastos de tratamientos y hospitales pueden exceder la capacidad de tus ahorros y causarte problemas económicos.

5. **Seguro de vivienda** o *dwelling* (*home owner's insurance*) - Cubre la estructura de tu hogar contra las pérdidas por fuego, huracán y terremoto. Es importante mantener una tasación actualizada y, si hay cambios en la estructura, informarlos a tu compañía de seguros. Debes estudiar tu cobertura y conocer los deducibles de los diferentes riesgos. De esta manera, si tienes una reclamación, todo procederá sin ningún contratiempo. Pudimos entender la necesidad de este tipo de seguro en los recientes temblores y huracanes en Puerto Rico. Transfiere el riesgo con tiempo, no sea que, por falta de orientación, pierdas el activo más preciado: tu hogar.

Recuerdo que cuando ocurrió el temblor del 6 de enero de 2020 en el área sur de la isla, muchas personas se comunicaron con nosotros para que les ayudáramos a tener su cobertura de estructura. Es importante que entiendas que cuando hay situaciones de riesgo eminentes en un área, las compañías aseguradoras cierran inscripciones hasta que se normalice la situación. Por esto, debes hacer la transferencia de tus riesgos con tiempo.

En otro escenario, imagina que tienes una fiesta en tu casa. Llegan los invitados, la están pasando súper y, de repente, uno de ellos se resbala y se cae. Ya sea que se cayó por las escaleras o se resbaló en el patio, sabes que puedes ser demandado o puede que tengas que pagar los gastos médicos.

Esto lo puedes evitar si añades a tu póliza de vivienda una cubierta de responsabilidad pública que cubra estos gastos. Recuerda que siempre llegan los invitados y los no invitados. Protege tu paz mental.

No confundas la cubierta de responsabilidad pública con la cubierta del Fondo del Seguro del Estado en Puerto Rico, o la agencia que cubre a trabajadores en tu país. Si tienes empleados que limpian tu casa, el patio, etcétera, debes orientarte en la agencia que cubre a los trabajadores en tu país o con algunas de las compañías de seguros que la trabajan. De ocurrir algún accidente en tu casa con ese trabajador, la cubierta puede indemnizarte de cualquier demanda y a la misma vez el perjudicado recibe sus servicios médicos.

¿Qué pasa si llegas a tu casa y te das cuenta de que forzaron la puerta, y al entrar te percatas de que te robaron tus computadoras, relojes, etcétera? Hay solo dos cosas que puedes hacer después de hacer la querella con la policía:

    a) gastar tus ahorros reponiendo lo que te robaron, o;
    b) hacer una reclamación por tu cubierta de contenido.

Cuando trabajes tu cubierta de contenido, es importante que hagas un listado con todas las pertenencias y sus costos y la envíes a tu compañía de seguro para que lo adjunten a tu póliza. De esta manera, identificarás la cantidad correcta a cubrir de surgir alguna situación no deseada. Además, esta cubierta de contenido cubre tus pertenencias en caso de huracán, fuego y terremoto, si así está estipulado.

Es importante que, al recibir tu póliza de vivienda, la leas y si no entiendes algo, le preguntes a tu agente de seguros. No te quedes con dudas. Es mejor decir, «ahora lo entendí», que decir, «si lo hubiera preguntado...».

6. **Seguro de auto** (*car insurance*) - Es importante que tengas una buena cubierta de seguro para tu auto que incluya daños a tu vehículo, deuda con el banco y responsabilidad pública que cubre daños causados a terceras personas. Imagina que pierdes el control y chocas alguna verja o atropellas a alguien y no tienes seguro. En esa situación debes pagar todos los gastos y estarías expuesto a demandas. Es importante que conozcas los términos de las cubiertas para que puedas tomar la mejor decisión basada en tu necesidad y presupuesto. ¿Te ha pasado que te preguntan qué cobertura prefieres y te quedas como en «lalalandia»? Aquí te enseñaré a identificarlas.

   a) **Doble interés** (*double interest*) - El doble interés cubre el interés del banco y tu interés de que se repare o se salde la unidad de surgir algún accidente, y tiene deducibles. Muchas personas confunden este término y piensan que el doble interés cubre mi interés y el de la persona que choqué. Para poder cubrir esto último o a terceras personas, se debe añadir una responsabilidad pública.

   b) **Interés sencillo** (*single interest*) - Cubre una de las dos partes, que será el banco, financiera, cooperativa, etcétera.

   c) **Cubierta completa** (*full cover*) - Protege los daños físicos de tu auto (con deducibles), cubre el interés del acreedor si está financiado e incluye la responsabilidad pública.

   d) **Cubierta de brecha** (*gap insurance, o GAP*) - Cuando compras un vehículo, el GAP cubre la diferencia entre la cantidad de la deuda de tu préstamo vehicular y lo que tu seguro pagaría (tomando en cuenta la depreciación) si te lo roban, se daña, o queda totalmente destruido. Te recomiendo que, en cualquiera de las opciones, añadas la cubierta de asistencia en la carretera. Te sacará de apuros si se pincha una llanta o simplemente no te prende el auto.

e) **Seguro obligatorio** - Es un seguro exigido por el gobierno de Puerto Rico para todos los vehículos privados que transitan en la isla. Te cubrirá a consecuencia de un accidente de tránsito. La póliza del seguro obligatorio (compulsorio) te brinda las siguientes cubiertas principales:

1) Daños a otros vehículos causados por ti hasta un límite máximo de $4,500. Los daños a tu automóvil no están cubiertos por esta póliza.

2) Si solo tienes el seguro obligatorio, y el costo es mayor a los $4,500.00, tendrás que asumir los gastos restantes.

3) Dependiendo de dónde te encuentres geográficamente será el nombre, estructura y límites de esta cubierta. En Puerto Rico, puedes escoger la compañía de tu predilección para tu seguro obligatorio.

7. **Testamentos** - El testamento es un documento legal donde se explican tus deseos luego de la muerte. Muchas personas piensan que el testamento es solo para personas adineradas, pero no es así. Con el testamento, estipulas tus deseos sobre tu legado sin importar tu clase social.

Te ilustro otro ejemplo básico de lo ya discutido en la lectura: piensa que eres el de la ilustración. ¿Cuál de los riesgos básicos tienes asegurados?

Manejo de riesgos del individuo

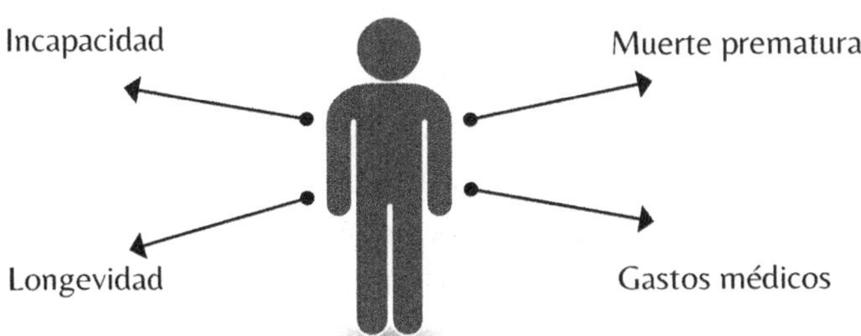

Ya tienes el conocimiento necesario para identificar los riesgos financieros que puedes encontrar y cómo te pueden afectar. Ahora, aprenderás las opciones que tienes para minimizar los mismos. Sobre este tema, entrevisté a mi socio de vida y presidente de *I-coach*, Miguel Ángel Núñez, quien educa a los agentes en Puerto Rico con repasos para las diferentes licencias de seguros. Miguel Ángel nos describe las opciones que tenemos para minimizar los riesgos financieros de la siguiente manera:

Manejo de riesgos en general

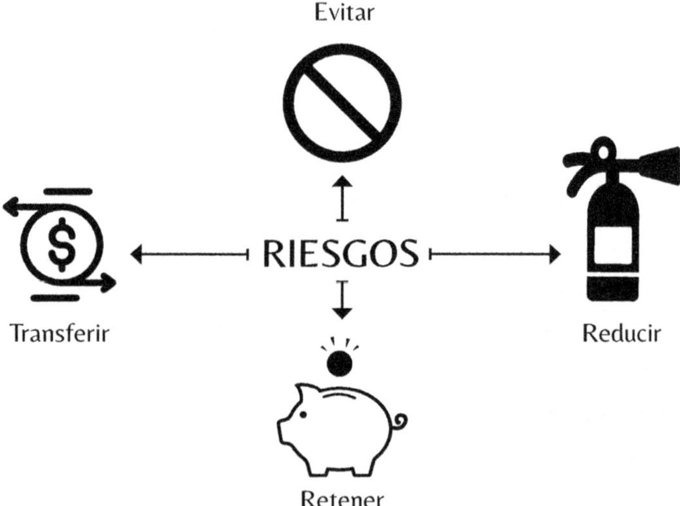

En algunos casos, los riesgos financieros pueden ser causados por una casualidad, como una enfermedad, accidente, incapacidad o la muerte. Por eso, debemos tener claro cómo podemos manejarlos en nuestras vidas, para que así nuestras finanzas no se vean afectadas a un mayor grado. Estos riesgos pueden ser manejados de diferentes maneras.

Primero, podemos tratar de evitarlos, igual que una persona que no sabe nadar no irá al área profunda de una piscina o del océano. Sin embargo, todos sabemos que es imposible evitar riesgos que se deben a casualidades y que están fuera de nuestro control. Por ende, este método no es recomendado.

En segundo lugar, puedes tratar de reducirlos o prevenirlos. Es lo que hacemos cuando escogemos una buena alimentación para evitar enfermedades, o usamos el cinturón de seguridad cada vez que vamos en un auto, e inclusive, cuando depositamos nuestros objetos de valor en una caja fuerte.

Sobre estos tres ejemplos les puedo mencionar que, aunque siempre es bueno tomar este tipo de medidas, eso no siempre evitará los riesgos asociados a la casualidad. Hay personas que siguen un buen régimen alimenticio y aun así se enferman, otras que conducen con su cinturón de seguridad, pero sufren accidentes por otros conductores negligentes y personas a las cuales les roban su caja fuerte. Así que, reducir o tratar de prevenir el riesgo tampoco es una manera viable de proteger completamente y adecuadamente nuestras finanzas.

En tercer lugar, tenemos el método que, en mi opinión, es el más utilizado por falta de conocimiento en nuestra sociedad: la retención. Hay que recalcar que este manejo de riesgos puede ser voluntario o involuntario. Los que lo usan de manera voluntaria son aquellos individuos o negocios que crearon su propio sistema o reserva de emergencia para eventos que ocurren por casualidad, y tienen la capacidad económica para enfrentar solos el evento.

Los que optan por la tercera opción de manera involuntaria son los que, sin tener una reserva de emergencia adecuada, prefieren retener el riesgo económico sin estar preparados financieramente. Un ejemplo clásico es aquella persona que dice no creer en los seguros, dando así a entender que desconoce que un seguro es simplemente un contrato de transferencia de riesgos financieros.

Te hago una pregunta: actualmente, ¿tienes un millón de dólares en tu cuenta de ahorro, dirigido a cubrir una eventualidad? Me imagino que te estás riendo o pensando, «¡ya quisiera yo!». La realidad es que la mayoría de las personas no cuenta con unos bancos de reserva de esta magnitud. Por eso es que existe la cuarta opción, la transferencia del riesgo. Esto es cuando un tercero es quien asume la pérdida, no tú.

En la cuarta opción comprar un seguro es el método más común y efectivo para el manejo de riesgos económicos. Es importante que, cuando completes algún contrato, investigues la clasificación de la compañía de seguros para que puedas tener una idea sobre cómo te responderán en una eventualidad.

Con esta lectura, puedes tener mayor conocimiento sobre cómo deberías manejar tus riesgos económicos ante situaciones inesperadas.

Habiendo reforzado tus cimientos financieros, estás listo para continuar tu construcción financiera.

Lista de cotejo

_____ 1. ¿Aprendí nuevos términos?

_____ 2. Si me surge alguna muerte prematura, ¿estoy asegurado?

_____ 3. ¿Tengo asegurado el activo más preciado para mí y mi familia?

_____ 4. ¿Estoy trabajando con mis fondos de emergencias?

_____ 5. ¿Comencé a ahorrar de tres a seis veces mis gastos mensuales?

_____ 6. ¿Cuáles son las razones para tener un plan médico?

_____ 7. ¿Cuál es la importancia de tener un seguro de vivienda?

_____ 8. ¿Cuál es la diferencia entre una responsabilidad pública y un seguro para trabajadores?

____

____

____

_____ 9. ¿Qué aprendiste sobre los seguros de auto?

____

____

____

_____ 10. ¿Ya tienes tu testamento? Sí ___ No ___

_____ 11. Escribe la importancia de un testamento.

____

____

____

____

____

_____ 12. ¿Cuál es la mejor opción para la transferencia de riesgo y por qué?

____

____

____

____

_____ 13. Según la lectura, ¿qué importancia tiene preparar unos cimientos sólidos para mi estructura financiera? Descríbelo en dos oraciones.

a) ____________________________________

____

b) ____________________________________

____

Levantando paredes sólidas -
la acumulación de tus bienes

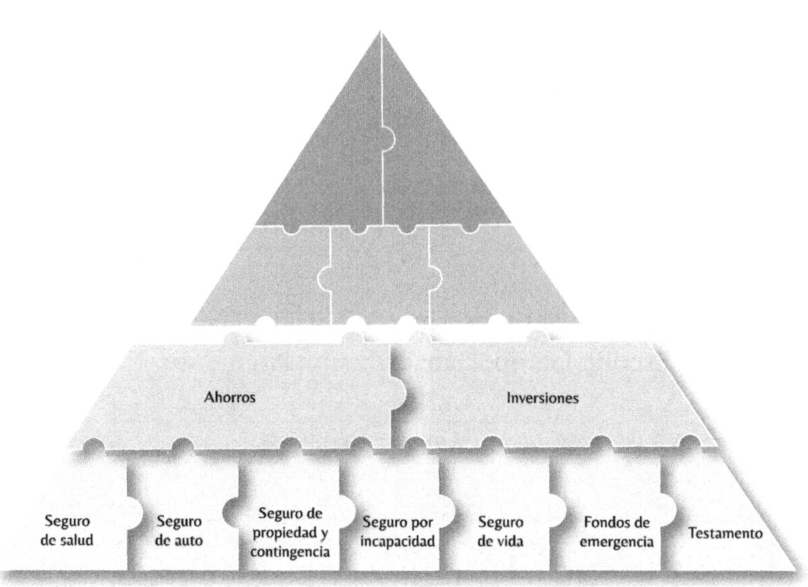

En la segunda etapa de tu construcción financiera, comienzas a ahorrar y a distribuir el exceso de dinero de tu cuenta de ahorro en diferentes instrumentos que capitalicen tu dinero, o sea, que le añadan valor. Le llamamos la fundación de la acumulación.

Cuando tienes dinero en exceso al equivalente de seis meses de tus gastos mensuales, ese dinero está «muerto» y es dinero que puedes poner a trabajar para ti.

¿Recuerdas en el suministro #1, cuando hablé de poner el dinero a trabajar para ti? Me refiero a orientarte con un profesional que te ayude a identificar instrumentos financieros donde puedas maximizar tu dinero y que estén acorde a tu etapa de vida y presupuesto.

Los instrumentos financieros se enfocan en objetivos particulares y se pueden dividir en tres áreas:

1. **Instrumentos financieros de ahorros** - Cuentas de ahorros.
2. **Instrumentos financieros de deuda** - Préstamos hipotecarios, personales, comerciales, etcétera.
3. **Instrumentos financieros de inversión** - Ganan dinero con dinero, y existe el riesgo de perder (en unos más que en otros). Algunos instrumentos financieros de inversión son:

    a) **Planes de pensiones** - Conocidos como 401k y planes *Keogh*, son instrumentos financieros creados para la jubilación.

    b) **Anualidades** - Son contratos entre un individuo, corporación o fideicomiso y una compañía de seguros o institución financiera. Existen varias anualidades: fijas, variables e indexadas. Cada una representa diferentes características, que van desde lo más conservador a lo más agresivo. Las fijas tienen un interés específico, las indexadas tienen garantía del principal y a su vez pueden tener mayor rendimiento si los índices del mercado están positivos. Las variables son las más agresivas (inversiones en fondos especulativos). Está atado a la bolsa de valores, que gana o pierde, incluyendo el principal. En el mayor de los casos, el propósito de invertir en una anualidad es construir una estructura sólida para tu jubilación.

    c) **Fondos mutuos** - En un fondo mutuo, se le entregan aportes de dinero a una sociedad para que los invierta en diferentes tipos de instrumentos financieros. Una vez estas inversiones obtienen ganancias, las mismas se reparten entre todos los que aportaron. Entre las inversiones pueden haber acciones, bonos, *money markets* (instrumentos de inversión a corto plazo), bienes, etcétera. Puedes elegir cómo establecerlo. A diferencia del ahorro, las sumas invertidas en fondos mutuos no tienen una ganancia garantizada, ya que los fondos mutuos corren el riesgo de que las inversiones realizadas no obtengan los retornos esperados. Por ello, la ganancia puede ser menor que lo esperado o incluso se puede llegar a perder parte o todo el dinero invertido.

d) Bonos - Son instrumentos de deuda que emite una empresa o administración pública para financiarse. El emisor de un bono promete devolver el dinero prestado al comprador, normalmente con intereses establecidos previamente.

e) Acciones - Son las partes en las cuales se divide el capital social de una empresa o sociedad anónima. Al adquirirlas, te conviertes en accionista y propietario de una parte de la sociedad.

f) CD o certificado de depósito - Es una herramienta de ahorros de bajo riesgo, que puede aumentar la cantidad depositada de acuerdo al interés establecido.

g) Pólizas de vida entera - Con estas pólizas puedes estar asegurado por vida entera. Se convierte en un activo, ya que tiene un tiempo para saldarla, y acumulará valor en efectivo, que podrás usar en tu futuro.

h) Bienes raíces - Son bienes inmuebles, como edificios y terrenos, utilizados para vender, rentar o producir y de esta manera obtener ganancia.

Lista de cotejo

_____ 1. ¿Cuál es tu total de gastos mensuales? $ _________

_____ 2. ¿Cuánto dinero tienes en ahorros? $_________

_____ 3. ¿Cumples con la regla de tener guardado entre tres a seis meses de tus gastos? Sí_________ No_________

Si la contestación es no:

_____ 4. ¿Para qué fecha piensas tener ahorrado entre tres a seis meses de tus gastos?

    a) Tres meses _________ Seis meses _________

_____ 5. ¿Identificaste algún instrumento financiero que te gustaría comenzar a trabajar? _________________

Reforzando tu estructura - la preservación de tu dinero

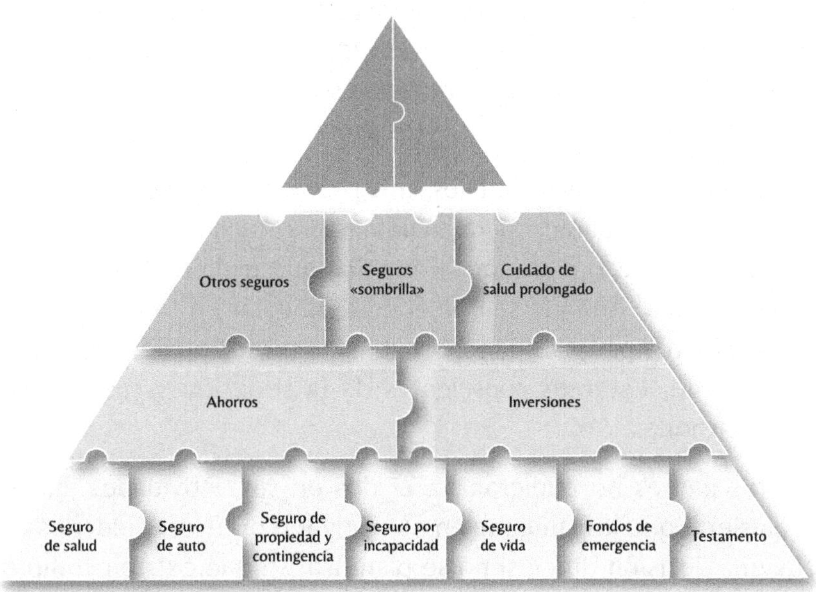

Pasemos a la tercera etapa de tu construcción financiera, donde trabajarás la preservación, lo que significa que vas a proteger lo que lograste hasta ahora. En este nivel revisarás cómo han cambiado tus necesidades y dónde puedes reforzar tu estructura financiera. Evaluarás qué otro seguro necesitas y cómo puedes tener una cobertura «sombrilla» (lo más que pueda abarcar según tu necesidad de riesgo financiero).

Cuando solicitas una sombrilla en tu póliza de seguro, debes considerar el total de tus activos. Con menos de eso no estarás asegurado adecuadamente, y con más, estarás pagando dinero adicional en tu cubierta que no utilizarás.

En esta tercera etapa, un riesgo que debes analizar es la longevidad, que es lo contrario a la muerte prematura. Significa sobrevivir al retiro, vivir demasiado, y es uno de los riesgos financieros que muchas veces no se toma en cuenta.

Si sobrevives al retiro, ¿estás preparado para afrontar económicamente esa etapa? ¿Qué pasa si no planificas tu retiro? ¿Invertiste dinero en instrumentos o productos que te dieran un ingreso de por vida? ¿Has pensado en tu costo de vida si tú o tus padres no pudieran hacer dos de las actividades diarias como bañarse, comer, vestirse, ir al baño y moverse solo? ¿Estás preparado económicamente para afrontar estos procesos?

Te cuento que, gracias a Dios, mis padres están saludables, pero nos hemos preparado para cualquier eventualidad. Mi hermano reside en los E.E.U.U. con su familia, que es la realidad de muchos hoy día. Aunque sé que él quisiera estar en todo momento con nuestros padres, su responsabilidad profesional y familiar no lo permite. Estamos conscientes de la situación y sus posibles repercusiones.

Si tus padres no pudieran hacer dos de sus actividades diarias, ¿quisieras que los cuidaran en otro hogar o prefieres cuidarlos tú? Es una decisión difícil si no se planifica, ya que existen compromisos económicos con nuestras familias y tal vez no puedas dejar de trabajar.

Tomar las medidas económicas necesarias te permitiría, por ejemplo, tener una enfermera en tu hogar que los pueda cuidar y tenerlos cerca para darles el amor y la atención que merecen. Si la opción es que estén en un hogar de cuido, posiblemente quieras que sea el mejor, y eso cuesta. Si tienes pareja, debes entender que el riesgo puede ser doble, ya que son tus padres y los de tu pareja.

En la actualidad, tener una enfermera en la casa que pueda cuidar a uno de tus padres puede costar $90 o más por ocho horas de cuido (dependiendo de la ciudad o país donde te encuentres). Eso significa que por siete días estarías pagando $720.00 a la semana, o $3,120.00 al mes. Esto es por uno de ellos, imagina que fueran los dos. Si en vez de que lo asistan en el hogar prefieres llevarlo a un cuido de ancianos, el costo puede ser de $2,000 en adelante, dependiendo de los servicios y cuidados provistos.

La realidad es que el cheque de seguro social no será suficiente para cubrir esta mensualidad y las responsabilidades que puedas tener con tus padres. La transferencia de este riesgo a una compañía de seguros es ideal. El costo de este producto de cuidado de salud prolongado se evalúa caso a caso, y dependerá de la edad, salud y el beneficio mensual que se desee.

Por ejemplo, una persona de sesenta y cuatro años que desee recibir $2,000 mensuales puede pagar entre $90 a $120 mensuales aproximadamente, y puede recibir entre $1,500 y $2,000 todos los meses por seis años. Como hijo, esto te da tranquilidad, ya que sabes que este dinero, junto al del seguro social, puede ayudarte a cubrir el servicio de la enfermera o cuido de tus padres y no vas a perder tus ahorros e inversiones. Más aun, no tendrás que dejar de trabajar y cumplir con tus responsabilidades mientras tus padres estarán bien atendidos.

Si fueras tú quien tengas la necesidad de utilizar el beneficio, de igual manera sabrás que tus hijos no tendrán dificultades económicas ni dejarán de cumplir sus sueños, ya que planificaste este evento.

Para finalizar tu construcción financiera, vas a distribuir los instrumentos que estableciste para tu retiro. Aquí, comienzas a disfrutar de tu retiro digno, que no es otra cosa que el poder disfrutar de tu jubilación sin deudas y logrando el plan trazado por años. Es hora de recibir el fruto de lo que sembraste.

Lista de cotejo

1. Describe cómo puedes proteger tus activos:

____

____

____

2. ¿Qué significa longevidad y cómo te puedes preparar?

____

____

____

El techo de tu construcción - la distribución de tus bienes

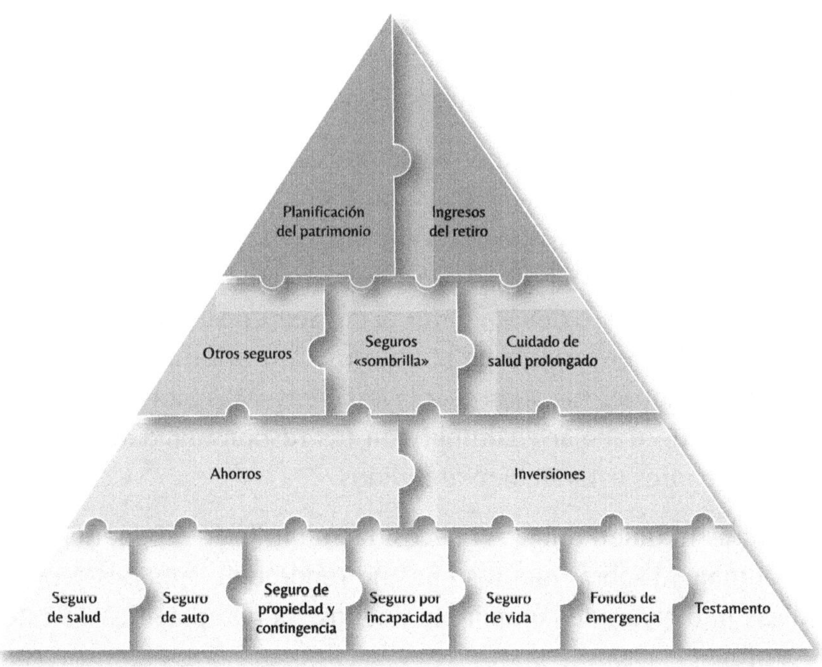

Llegaste a la cima de la estructura, la cuarta etapa de tu construcción financiera. En este ciclo comienzas a recibir el beneficio del seguro social junto con los instrumentos financieros que trabajaste para diseñar tu retiro. Hablemos un poco del seguro social.

El presidente Franklin D. Roosevelt firmó el acta del seguro social en 1935. El primer pago fue de diecisiete centavos y la primera mensualidad de $22.57. En 1951 los puertorriqueños comenzaron a aportar y a recibir este beneficio.

Desde pequeños estamos escuchando que cuando nos toque el momento de recibir los beneficios, tal vez no habrá fondos. La realidad es que, si todos cumplen con la ley, sí nos beneficiamos, aunque tal vez con enmiendas. Debes entender que el seguro social no se hizo para que sea la única fuente de ingreso en tu jubilación, sino para que sea un bolsillo más en tu plan de retiro.

Para muchos, en especial para los de menor ingreso hoy día, el seguro social será aproximadamente el 30% de su retiro. Para los de mayor ingreso hoy día no será un porcentaje tan amplio, pero sí será parte de su retiro. No te dejes llevar por los representantes autodenominados del seguro social, como la vecina o tu socio del dominó. Muchas veces, por escuchar a personas no diestras en el tema, perdemos dinero. Quizás, por pensar que no cualificamos para un beneficio, no lo solicitamos a tiempo y podemos incurrir en penalidades.

Si tienes dudas, debes visitar la oficina del seguro social más cercana para que puedas tener respuestas correctas, o llamar al 1-800-772-1213. También, puedes crear tu cuenta en línea visitando la página segurosocial.gov. En adición a información valiosa de tu seguro social, ahí podrás encontrar algunas herramientas que te ayudarán a calcular tu retiro. En mi página web, www.segurosyazminirizarrypr.com, puedes acceder a enlaces para las mismas.

Algunos beneficios que provee el seguro social son:
1. Retiro
2. Incapacidad
3. Cónyuges
4. Divorciados
5. Viudos
6. Hijos
7. Viudo incapacitado
8. Hijo adulto incapacitado
9. Padres
10. *Medicare*

Veamos una tabla que te indica la edad completa de retiro que necesitas para obtener el 100% de beneficio del seguro social. La obtuve del libro de Andy Landis, *Social Security, the Inside Story.*

Año de nacimiento	Edad de retiro	Pago a los 62 años	Pago a los 72 años
1937	65 años	80%	132.5%
1938	65 años y 2 meses	79.17%	131.42%
1939	65 años y 4 meses	78.33%	136.67%
1940	65 años y 6 meses	77.5%	131.5%
1941	65 años y 8 meses	76.67%	132.5%
1942	65 años y 10 meses	75.83%	131.25%
1943-1954	66 años	75%	132%
1955	66 años y 2 meses	74.17%	130.67%
1956	66 años y 4 meses	73.33%	129.33%
1957	66 años y 6 meses	72.5%	128%
1958	66 años y 8 meses	71.67%	126.67%
1959	66 años y 10 meses	70.83%	125.33%
1960 en adelante	67 años	70%	124%

La pregunta más común sobre el seguro social es: ¿a qué edad salgo mejor para recibir el beneficio? ¿Me debo retirar a los 62 años, 65 años, o esperar la edad completa para el 100% del beneficio? Mi contestación siempre es que todo depende de la planificación que estás haciendo. Hay que analizarlo caso a caso.

Si eres tu propio jefe, no cometas el error de pagar poco al seguro social, ya que te afectará en un futuro y más aun si no estás invirtiendo en otro instrumento de ahorro. Si pagas poco, recibirás poco. El seguro social es un material importante que debes tener en tu mochila financiera.

En esta etapa también debes comenzar a orientarte sobre cómo la ley de herencia podría afectar positiva o negativamente tu legado. El desconocimiento de este tema puede hacer que lo que con mucho esfuerzo construiste, tus herederos lo pierdan en un abrir y cerrar de ojos.

Construir esta estructura financiera no es tan fácil como leerlo, pues se necesita de mucha paciencia, compromiso, disciplina, esfuerzo y tiempo. Si no sabes cómo comenzar tu plan de acción, identifica un consejero financiero que pueda dirigirte. Lo importante es comenzar a preparar tu mochila financiera hoy.

Antes de pasar al tercer suministro y conocer la importancia de no poner los huevos en una misma canasta, completa tu lista de cotejo.

Lista de cotejo

1. Estableciste tu cuenta del seguro social en www.segurosocial.gov? Sí ______ No ______

2. Enumera cuatro beneficios del seguro social:

    a) ____

    ____

    b) ____

    ____

    c) ____

    ____

    d) ____

    ____

Suministro #3:
La herramienta multiusos

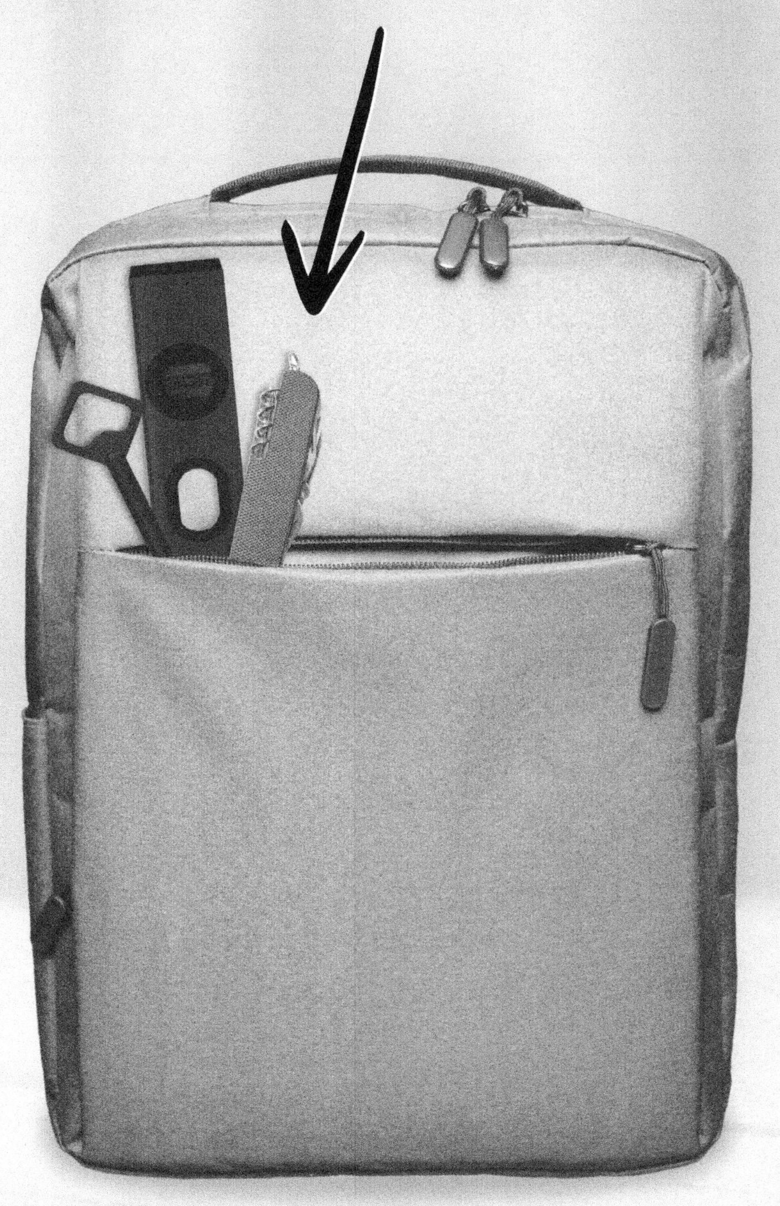

No pongas todos los suministros en el mismo lado de la mochila - diversificación de activos

¿Tú sabes por qué no se ponen los huevos en la misma canasta? Es porque, si le pasa algo a esa canasta, pierdes todos los huevos. Por eso tenemos una mochila de emergencias en la casa y otra en el carro. De la misma forma, no vas a poner todo tu dinero en el mismo sitio. Al diversificar, podrás tener un mayor control para lograr tus metas económicas.

Diversificar es el proceso de dividir tu dinero en diferentes inversiones, tales como: cubiertas de vida con acumulación, cuentas IRA, compra de propiedades, acciones, bonos, anualidades, fondos mutuos, efectivo, etcétera. Esto se hace para asegurar que la pérdida que tengamos en un sitio se balancee con la ganancia de los otros.

Rodrigo llevaba toda su vida invirtiendo en la bolsa de valores. Decía que tenía estómago duro para esto, o sea, que si en algún momento la bolsa de valores tenía una caída súbita, él entendía que estaba preparado para enfrentar la situación y comenzar de nuevo. Tenía setenta y ocho años, y todavía era productivo y seguía trabajando e invirtiendo agresivamente en el mercado de valores.

Rodrigo tuvo la oportunidad de orientarse y ver por qué, por su edad, debía pasar parte de sus activos a otros instrumentos de inversión moderados o fijos, con su principal garantizado. En ese momento dijo que lo pensaría, pero su enfoque continuaba igual, en inversión agresiva, un poco testarudo en su pensar. Al fin y al cabo de eso se trata: el consejero financiero orienta y el cliente tiene la última palabra.

Un año más tarde, Rodrigo, aunque aun era productivo, se quería retirar. Justo para el momento en que organizó sus documentos, el mercado de valores bajo súbitamente debido a lo que pasó el 11 de septiembre del 2000, el ataque a las torres gemelas, algo que nadie se podía imaginar. En este suceso se perdieron muchas vidas y muchos sueños, entre ellos el sueño del retiro de Rodrigo. Lo que con tanto esfuerzo había construido para retirarse ese día desapareció en un abrir y cerrar de ojos. De más está decirte que Rodrigo tuvo que continuar trabajando para poder subsistir. Cinco años después pudo recuperar parte de lo perdido trabajando varias estrategias.

Este es un ejemplo de la importancia de no poner todos los huevos en una misma canasta o ubicar todos los suministros importantes en un solo compartimiento de tu mochila financiera. No significa que un instrumento en particular sea bueno o malo, pero hay que analizar varios factores, tales como bancos de reservas, la tolerancia de riesgo (que es la capacidad de aceptar riesgo o nivel de riesgo), la edad, el total de activos, la etapa de vida en la que te encuentras, y tus metas.

En pocas palabras, este es un análisis del nivel de riesgo que un inversionista puede o está dispuesto a soportar o hasta cuánto tolerará perder. Este análisis te dirá qué instrumentos puedes comenzar a trabajar o hacia dónde los debes transferir. Si hay instrumentos de inversión existentes, se analizan para lograr un balance en los riesgos futuros. De esta manera, estaremos tomando una decisión educada e informada.

No está escrito en piedra que la edad y las inversiones llevan una relación exacta, sin embargo, depende del evento o ciclo de vida en que te encuentres, según mencionamos en el suministro #1. Si comienzas a invertir desde joven, te darás cuenta de esta relación. Comparto con ustedes la tabla *Starting Early* que hace referencia a este tema en el libro *Techniques for Exploring Personal Markets*. Esta ilustración nos muestra la importancia de comenzar desde joven a capitalizar nuestro dinero y cómo el tiempo es nuestro mejor aliado.

Edad	Inversión temprana	Inversión tardía
22	$2,000	$0
23	$2,000	$0
24	$2,000	$0
25	$2,000	$0
26	$2,000	$0
27	$2,000	$0
28	$2,000	$0
29	$2,000	$0
30	$2,000	$0
31	$0	$2,000
32	$0	$2,000
33	$0	$2,000
64	$0	$2,000
35-44	$0	$2,000
45-54	$0	$2,000
55-64	$0	$2,000
Total invertido	$18,000	$68,000
Cantidad disponible a los 65	$369,266	$342,634

La tabla nos muestra claramente cómo el tiempo es nuestro mejor aliado: mientras más temprano tengamos la oportunidad de poner el dinero a trabajar para nosotros, más rendimiento tendremos con menor dinero invertido. Con solo $38.50 semanales, en una situación hipotética, con un 8% de crecimiento podrías tener un futuro poderoso financieramente. La cantidad dependerá de tus metas a largo plazo y la sabia administración, por lo que debes reunirte anualmente con tu consejero financiero. Si no conoces uno, te podemos ayudar.

Los siguientes consejos son generales y no toman en cuenta variables en las situaciones de cada individuo.

Para los jóvenes adultos entre las edades de veintidós a treinta y cinco años, se recomiendan los instrumentos de alto riesgo o variables, para que puedan tener el mayor rendimiento a largo plazo. Todos los años debes reunirte con tu consejero financiero para repasar en qué etapa te encuentras.

Si eres un adulto maduro o estás entre las edades de treinta y seis y cincuenta y cinco años, estás en la etapa del sándwich, ya que tienes responsabilidades que muchas veces incluyen ayudar a nuestros padres de alguna u otra manera. En esta etapa de vida debemos considerar diversificar entre riesgos fijos, moderados y variables.

Si ya estás en la etapa de un adulto mayor, entre las edades de cincuenta y seis a sesenta y cinco años, debes dar un giro a tu estrategia y comenzar a tener más estabilidad financiera. Por ende, los instrumentos con intereses fijos o instrumentos indexados que tienen garantía del principal serán la mejor opción.

Imagina que estás por retirarte, todas tus inversiones están en el mercado de valores y en ese instante el mercado no está en su mejor momento. Eso fue lo que le pasó a Rodrigo, ¿recuerdas? No quieres sorpresas que te puedan alargar tu retiro.

Un ejemplo de esto fue lo sucedido a fines del 2017 con los bonos municipales en la isla de Puerto Rico. Este instrumento funciona básicamente como préstamos de los inversores al gobierno. Cuando un gobierno necesita recaudar fondos para pagar un gran proyecto, vender bonos a los inversores le permite recaudar una gran cantidad de dinero rápidamente y luego devolverlo más tarde.

Por muchos años, en Puerto Rico, estos bonos fueron inversiones estratégicas y seguras. Un ejemplo de rendimiento en un bono municipal puede ser el siguiente: si compras un bono a treinta años por $100,000.00, se supone que al final de los treinta años te paguen los $100,000.00 que invertiste y te pagarán el 6% de interés todos los años. En este ejemplo serían $6,000.00 anuales. Tremendo negocio, ¿verdad?

Sin embargo, como toda inversión tiene su riesgo, la crisis de la deuda de Puerto Rico devaluó a los inversores y para el 2017 los bonos de Puerto Rico valían solo 0.32 centavos en vez del rendimiento que pudieron haber tenido. Así, muchas personas se quedaron sin su retiro.

Por eso es que debes ser tú quien tengas el control de tus finanzas y no debes depender de los intereses del gobierno. **No pongas la cabra a velar las lechugas.** En el momento de hacer un contrato debes investigar la credibilidad del corredor, firma de corretaje y agente que te dará el servicio.

¿Ya entiendes por qué no debes poner todos tus huevos en una misma canasta? Es para que un riesgo mitigue al otro.

Las personas que solo dependían de ese dinero, lamentablemente no tendrán un retiro digno o simplemente no se podrán retirar por el momento. Las personas que diversificaron su dinero en diferentes instrumentos y que no dependen de un solo bolsillo, ingreso o, en este caso, de los bonos, podrán continuar con sus planes en lo que se resuelve, si así sucediera.

Es de suma importancia tener mínimo una reunión anual de revisión de sus instrumentos con tu consejero financiero, ya que a través de los años puedes estar entrando a una etapa o ciclo de vida diferente y tal vez puede aparecer una necesidad distinta que te obligue a cambiar la estrategia de tu plan de acción financiera.

El resultado del análisis financiero dependerá de: edad que te quieres retirar, cuánto dinero quieres recibir mensualmente, cuantas veces al año deseas viajar, etc. Es importante poder contestar estas preguntas sabiamente, para que el plan de acción sea lo más certero posible.

Hay tres tipos de inversionistas:
1. **Conservador** - Desean que su principal esté garantizado, buscan estabilidad, prefieren liquidez y optan por instrumentos con intereses fijos.
2. **Moderado** - Desean tener un poco más de rendimiento o ganancia, pero sin arriesgar su principal, y optan por instrumentos indexados.
3. **Agresivo** - A largo plazo, tienen rendimientos mayores y prefieren instrumentos variables que estén alineados con el mercado de valores.

Cuando te reúnas con tu consejero financiero, te hará algunas preguntas y reconocerás si estás listo para aguantar las altas y bajas del mercado o si eres conservador en el momento de invertir.

Modifiqué algunas preguntas del examen de riesgo publicado por la Universidad de Missouri, desarrollado por Dr. Ruth Lytton de Virginia Tech y Dr. John Grable de University of Georgia, que fue traducido por www.ConLetraGrande.cl.

¿Quieres saber qué tipo de inversionista eres?

Prueba corta de tolerancia de riesgo:

1. ¿Cuál de las siguientes te describe mejor?

   a) Tomo riesgos
   b) Estudio información y la asumo
   c) Soy precavido
   d) Los evito

2. Hay un concurso en un programa de radio y tú eres el agraciado. Te dan a escoger entre las siguientes opciones. ¿Cuál es tu mejor opción?

   a) $600.000
   b) Una probabilidad de 50% de ganar $1.5 millones
   c) Una probabilidad de 25% de ganar $4 millones
   d) Una probabilidad de 5% de ganar $11 millones

3. Dos semanas antes de partir a tus vacaciones, pierdes tu trabajo. ¿Qué harías?

   a) Cancelar
   b) Voy de vacaciones menos días y las estadías serán más económicas
   c) Continúo con el plan, porque necesitas el tiempo para preparar tu búsqueda de empleo
   d) Añades una semana más de vacaciones, y en primera clase, porque esta podría ser tu última oportunidad para viajar

4. Heredas $35,000.00 ¿qué harías?

   a) Depositar en una cuenta bancaria
   b) Bonos de fondos mutuos
   c) Acciones

5. ¿Cuán cómodo te sientes invirtiendo en acciones o fondos mutuos de acciones?

   a) Nada cómodo
   b) Regular
   c) Cómodo

6. Cuando piensas en «riesgo», ¿cuál de estas palabras es la primera que aparece en tu mente?
   a) Bancarrota
   b) Sin certeza
   c) Opciones
   d) Emociones

7. Algunos expertos entienden que habrá alzas en los precios de activos tales como oro, joyas, piezas de colección y bienes raíces (bienes tangibles). Los precios de los bonos podrían caer, pero los analistas parecen concordar en que los bonos de los estados (E.E.U.U.) son relativamente seguros. La mayoría de tus inversiones se concentran en bonos del estado con altos intereses. ¿Qué harías?
   a) Mantener los bonos
   b) Vender los bonos e invertir la mitad de lo obtenido en cuentas *money market,* y la otra mitad en activos tangibles como: monedas, joyas, etc.
   c) Vender los bonos e invertir todo lo obtenido en activos tangibles
   d) Vender los bonos, invertir todo lo obtenido en activos tangibles y pedir prestado más dinero para comprar más

8. ¿Cuál opción prefieres?
   a) Mejor escenario: ganancia de $300,000.00 |
      Peor escenario: ganancia de $0
   b) Mejor escenario: ganancia de $700,000.00 |
      Peor escenario: ganancia de $200,000.00
   c) Mejor escenario: ganancia de $1,600,000.00 |
      Peor escenario: ganancia de $800,000.00
   d) Mejor escenario: ganancia de $3,800,000.00 |
      Peor escenario: ganancia de $2,400,000.00

9. Además de tus inversiones, recibes $5,000,000.00 Debes elegir entre:
   a) Una ganancia segura de $2,500,000.00
   b) Una probabilidad del 50% de ganar $2,500,000.00 y una probabilidad del 50% de ganar nada

10. Además de tus inversiones, recibes $10,000,000.00 Debes elegir entre:
    a) Una pérdida segura de $2,500,000.00
    b) Una probabilidad del 50% de perder $5,000,000.00 y una probabilidad del 50% de perder nada

11. Te dejan una herencia de $75,000.00 indicando en su testamento que debes invertir TODO el capital en una de las siguientes alternativas. ¿Cuál eliges?
    a) Una cuenta de ahorro o fondo mutuo
    b) Un fondo mutuo que tiene acciones y bonos
    c) Quince acciones ordinarias
    d) Oro, plata y petróleo

12. Tienes $2,500,000 para invertir. ¿Cuál de las siguientes alternativas de inversión te parecería más atractiva?
    a) 70% en inversiones de bajo riesgo, 20% en inversiones de riesgo medio y 10% en inversiones de alto riesgo
    b) 35% en inversiones de bajo riesgo, 45% en inversiones de riesgo medio y 20% en inversiones de alto riesgo
    c) 15% en inversiones de bajo riesgo, 45% en inversiones de riesgo medio y 40% en inversiones de alto riesgo

13. Tu gran amigo y vecino, un experimentado geólogo, está formando un grupo de inversionistas para financiar una empresa de exploraciones para una mina de oro. El proyecto podría retornar entre 50 y 100 veces la inversión, de tener éxito. Si no hay yacimientos en la mina, toda la inversión es inútil. Tu amigo calcula una tasa de éxito de solo 20%. Si tuvieras el dinero, ¿cuánto invertirías?
    a) Nada
    b) Un mes de sueldo
    c) Tres meses de sueldo
    d) Seis meses de sueldo

TABLA DE PUNTAJE

El puntaje para cada respuesta es:

1. a=4; b=3; c=2; d=1.

2. a=1; b=2; c=3; d=4.

3. a=1; b=2; c=3; d=4.

4. a=1; b=2; c=3.

5. a=1; b=2; c=3.

6. a=1; b=2; c=3; d=4.

7. a=1; b=2; c=3; d=4.

8. a=1; b=2; c=3; d=4.

9. a=1; b=3.

10. a=1; b=3.

11. a=1; b=2; c=3; d=4.

12. a=1; b=2; c=3.

13. a=1; b=2; c=3; d=4.

Tu puntaje: ______________

Puntaje	Nivel	Descripción del tu perfil
33-47	Tienes una alta tolerancia al riesgo.	**Agresivo:** La principal característica de este perfil es que busca un alto crecimiento y por lo general invierte a largo plazo. Por tanto, no está tan preocupado por recibir retornos inmediatos. Por lo general, sus carteras registran fluctuaciones más grandes y frecuentes de año a año, a diferencia de los inversionistas que no toleran el riesgo y cuyo horizonte de inversión no es tan extendido.
29-32	Tienes una tolerancia al riesgo sobre el promedio.	**Moderado agresivo:** Este inversionista no tiene mucha necesidad de recibir retornos inmediatos y busca crecimiento sobre el promedio. Su principal objetivo es aumentar su capital y es capaz de aguantar fluctuaciones moderadas en los valores de su cartera.
23-28	Tienes una tolerancia al riesgo moderada/ promedio.	**Moderado:** Este inversionista busca crecimiento relativamente estable con un menor nivel de potencial de ingresos. Este perfil tiene un horizonte de inversión más largo que los perfiles más conservadores. El principal objetivo de este inversionista es lograr crecimiento estable y, al mismo tiempo, reducir fluctuaciones de su cartera frente a los vaivenes de los mercados accionarios generales.
19-22	Tienes una tolerancia al riesgo inferior al promedio	**Moderado - conservador:** Este inversionista busca una modesta apreciación de su capital y un moderado potencial de retornos para su cartera. Su horizonte de inversión es un poco más extenso y su tolerancia al riesgo es ligeramente mayor a los inversionistas más conservadores. Su objetivo de inversión es preservar su capital y protegerlo de las fluctuaciones del mercado.
0-18	Tienes una baja tolerancia al riesgo.	**Conservador:** Este inversionista es muy sensible a las pérdidas de corto plazo y su horizonte de inversión es inmediato. Busca instrumentos estables que también le permiten reajustar por inflación en el largo plazo. Su principal objetivo es preservar su capital y lograr potencial de retorno. Esperan que las fluctuaciones de su portafolio sean más pequeñas y menos frecuentes en comparación con carteras más agresivas.

Lista de cotejo del suministro #3

1. ¿Comenzaste a diversificar tu dinero? Sí ______ No ______
   ¿Por qué? ______________________________________

   ____

   ____

   ____

2. ¿Sabes en que etapa te encuentras?

   ____

   ____

   ____

   ____

   ____

3. ¿Cuán tolerante al riesgo eres? ¿Te lo esperabas?

   ____

   ____

   ____

   ____

¡No importa tu tolerancia al riesgo o la etapa en que te encuentres, lo importante es comenzar a tomar el control de tus finanzas ahora!

Suministro #4:
La brújula

Prevención para eventualidades dolorosas - el norte en la planificación contributiva

Una planificación que se debe tomar en cuenta al inicio de tu vida financiera es la contributiva, ya que considera las implicaciones de las decisiones personales o comerciales a través del año, usualmente con la meta de minimizar la contribución determinada. Definitivamente es un suministro que no debe faltar en tu mochila financiera, ya que lo demás lo podemos controlar, sin embargo, lo estipulado por el gobierno trae incertidumbre. Hay que encontrarle el norte a ese camino que tenemos que recorrer sin remedio.

Oír la palabra «contribuciones» te puede poner ansioso, irritable y esto muchas veces sucede por desconocimiento del tema. Hoy, te ayudaré a entender qué son las contribuciones y cómo puedes planificar para cumplir con lo estipulado por ley sin que te veas afectado emocional o económicamente.

En países hispanos, al momento de pagar impuestos escuchamos la frase: «ya mismo llega la dolorosa», refiriéndose al pago de impuestos. ¿Cómo podemos cambiar del lamento al baile? La realidad es que, si conoces tus compromisos de antemano, debes presupuestarlos.

Pídele a tu contador que te haga una planificación contributiva. Esto se refiere a la cantidad que aproximadamente debes pagar en impuestos al año. Divide esa partida entre los doce meses del año, y esa cantidad añádela a tu presupuesto mensual. Así, cuando llegue la hora de pagarlos, no tienes que preocuparte, ya que te ocupaste mensualmente.

¿Qué son los impuestos? Un impuesto es un pago que se hace al estado para cubrir los gastos públicos. Estos pagos obligatorios se le exigen tanto a personas físicas como a personas jurídicas, o sea, instituciones creadas por una o más personas físicas para cumplir un objetivo social, que puede ser con o sin fines de lucro.

La recaudación de impuestos es la forma que usa el estado para financiarse y obtener recursos para realizar sus funciones. Todos los impuestos tienen diferentes fechas límites y distintivas. Por ejemplo, el impuesto de la «dolorosa» o planilla sobre ingresos tiene su fecha límite aplicable al 15 de abril después del año natural contributivo. **Lo ilegal no es no pagar, sino no radicar.**

Hay diferentes tipos de impuestos, y esto dependerá del país donde te encuentres. Algunos ejemplos en Puerto Rico son: impuesto a la propiedad, impuesto de importación, impuesto sobre ingresos, impuesto de ventas y uso e impuesto municipal. Los impuestos siempre nos persiguen. Sea antes, durante o después de una compra, contrato o instrumento que utilicemos para invertir, en algún momento habrá un evento contributivo. Para un ahorro contributivo existen estrategias, y es importante la diversificación de los activos para minimizar los pagos contributivos al mismo tiempo. Los instrumentos financieros trabajan de forma diferente en el área contributiva, y por eso debes conocer la manera en que tributan las ganancias al momento de hacer un contrato con algún instrumento financiero. Luego de esta lectura, te invito a buscar información sobre tu jurisdicción.

Instrumentos cualificados

Estos son instrumentos financieros cualificados por Hacienda o la ley actual en Puerto Rico para tener ahorros contributivos y mejor rendimiento del dinero:

1. **IRA Regular** - Tributan como ingreso ordinario, y tendrás ahorros contributivos dependiendo de la tasa contributiva

en que te encuentres. La tasa dependerá de tus ingresos. Veamos la ilustración para que te puedas ubicar y conozcas cuál es tu tasa contributiva como individuo y, a su vez, qué ahorros puedes tener con la IRA.

Ingreso neto sujeto a contribución	Contribución a pagar
$0 - $9,000	0%
$9,001 - $25,000	7% del exceso de $9,000
$25,001 - $41,500	$1,120 más 14% del exceso de $25,000
$41,501 - $61,500	$3,430 más 25% del exceso de $41,500
Mayor de $61,500	$8,430 más 33% del exceso de $61,500

Un ejemplo de ahorro en la IRA puede ser:

Si María tuvo ingresos de $61,500 y tiene que pagar $8,430.00 en impuestos, al comprar una IRA de $5,000 tiene un ahorro contributivo del 33%. Eso significa que tendrá un ahorro de $1,650.00. Ahora bien, si María estuviese casada y rinden en conjunto, la ley permite hasta $10,000 ($5,000 por individuo). En ese caso el ahorro contributivo sería de $3,300. A su vez, María estaría logrando otro bolsillo para su retiro. ¿Qué tú crees? ¿Se lo pagas al gobierno, o lo inviertes en ti?

2. **La IRA *Roth*** - No tiene ahorro contributivo inicialmente, sin embargo, en el momento de disfrutar del dinero, lo retiras libre de contribuciones. Este instrumento es ideal para aquellos individuos que no necesitan un ahorro contributivo y desean comenzar a guardar para su retiro.

Por ejemplo, según la ley 35 del Código de Rentas Internas, los jóvenes de veintiséis años o menos que generen ingresos de menos de 40 mil dólares o menos no tienen que pagar contribuciones. Por ende, una manera de ahorrar para su futuro y sin tener ningún evento contributivo es la IRA *Roth.*

Otro ejemplo pueden ser los profesionales como médicos, abogados e ingenieros, entre otros, que actualmente trabajan como servicios profesionales o prestados y se les conduce a lo que se conoce como un *after tax.* ¿Qué hace el *after tax*? Le da la capacidad al profesional de estipular y reconocer gastos en su planilla, luego de obtener ingresos, lo que causa un efecto en la responsabilidad contributiva de pagar una contribución determinada más baja. Con la IRA Roth pueden invertir el sobrante capital para su futuro.

Dinero no invertido es dinero perdido.

3. **401K y planes *Keogh*** - Son conocidos como planes de pensiones. Las aportaciones efectuadas por un participante en un plan de aportaciones crecerán de manera diferida, lo que significa que no tributan hasta el momento de su distribución.

Es sumamente importante planificar y considerar estos factores tributarios antes de solicitar al patrono la distribución de los fondos, para así determinar la manera que más le conviene para recibir los mismos. Le recomendamos que consulte a un contador especializado en instrumentos financieros para tomar una decisión educada e informada.

Instrumentos no cualificados

Hay instrumentos no cualificados por Hacienda que se pueden utilizar como estrategias para suplementar el retiro, tales como los seguros de vida, utilizados también para proteger a nuestros seres queridos. Si mueres, tus seres queridos pueden continuar con su estilo de vida, su educación, saldar deudas para poder obtener la herencia o invertirlo en un instrumento vitalicio. La acumulación en un seguro de vida se recibe por medio de préstamos en la póliza y, de esa manera, no tendrás que pagar contribuciones sobre lo que recibas.

❖ **Estos seguros de vida nos dan la oportunidad de tener ahorro contributivo, paz mental y otro bolsillo para nuestro retiro.**

Conoce otros instrumentos que te pueden ayudar a maximizar tu dinero y la manera en que tributas:

1. **Fondos mutuos** - Los fondos mutuos tributan como ingreso ordinario, lo que significa que entran como ingreso regular. A largo plazo podemos tener mayor rendimiento del dinero, pero debes estar consciente de que tienes que pagar contribuciones sobre la ganancia. De haber pérdida, debes declarar la información en tu planilla.

2. **Anualidades** - Tributan dependiendo de la jurisdicción de la compañía de seguros o institución financiera. Las anualidades de compañías norteamericanas tributan bajo el método de LIFO, o *Last in-First out*. Esto significa que al retirar de una anualidad norteamericana, las ganancias son lo primero que se distribuye. Es decir, que lo primero que recibo tributa y lo último que recibo, que es lo invertido, lo obtengo libre de contribuciones. Las anualidades locales tributan bajo el método de FIFO, o *First in-First Out*, que le permite al inversionista recibir ingresos sin tener que pagar contribuciones hasta el momento que sobrepasen la inversión en la anualidad. Cuando recibes tu dinero, lo primero que depositas es lo que obtienes libre de contribuciones, y sobre la ganancia pagarás según la tasa contributiva donde te encuentres (ver ilustración de las tasas contributivas).

3. **Acciones** - La ganancia se reconoce como ingreso ordinario si las acciones tienen menos de un año. Si tienen más de un año, actualmente tributan a razón de un 15% de ganancia capital, donde el accionista se beneficia por la venta de diversos activos en comparación con el precio de compra. Ejemplo: si Lola compró tres acciones a un valor de $50.00 cada una, que totalizan $150.00, y al cabo de dos semanas subieron a $70.00, entonces tiene 70x3=$210 en acciones. Si decide venderlas, su ganancia capital será de $60.00 ($210-$150) y sobre eso tendrá que pagar impuestos.

4. **Bonos** – Son instrumentos de deuda que emite una empresa o administración pública para financiarse. El emisor de un bono promete devolver el dinero prestado al comprador de ese bono. Dependiendo del bono que tenga será el porcentaje de rendimiento que devolverán. Un ejemplo de un bono fijo puede ser uno que ofrezca un 5% anual, y normalmente se reparten semestralmente, por lo que si un bono de $1,000.00 tiene un cupón fijo de un 5%, se repartirán $25.00 de ganancia cada seis meses. La ganancia tributa como ingreso regular.

5. **Negocios** - Las ganancias de los negocios tributan como ingreso regular dependiendo de su naturaleza y las leyes que le apliquen. En otras palabras, depende de si es una corporación, sociedad, autoempleo, etc.

6. **Rentas** – Las rentas recibidas por algún alquiler de una estructura tributan como ingreso regular.

7. **Criptomonedas** - La criptomoneda, también llamada moneda virtual o criptodivisa, es dinero digital. Eso significa que no hay monedas ni billetes físicos, todo es en línea. Puedes transferir una criptomoneda a alguien por internet sin un intermediario. Las criptomonedas más conocidas son *Bitcoin* y *Ether*, pero se continúan creando nuevas criptomonedas. Antes de comprar una criptomoneda, tienes que saber que no tiene las mismas protecciones que los dólares estadounidenses. La ecuación para su tributación pudiera variar de caso en caso. (Ver artículo publicado en El Nuevo Día por Kenneth Rivera Robles, contador público autorizado, el 3 de agosto del 2019 – el enlace está en la sección de referencias.) Para información adicional sobre las criptomonedas, puedes acceder al enlace consumidor.ftc.gov.

Si te das cuenta, tener los suministros necesarios en tu mochila financiera te permitirá conocer y poner en práctica las diferentes estrategias que maximizan tu dinero en vida y después de la muerte.

Lista de cotejo del suministro #4:

1. ¿Estás invirtiendo en un instrumento actualmente?

   Sí _______ No _______

2. Si la contestación es «sí», contesta el tipo de instrumento que es: Cualificado _______ No cualificado _______

3. Si la contestación es «no», ¿por qué?

   ____

   ____

   ____

   ____

4. Si tienes algún instrumento de inversión actualmente, ¿sabes cuál es su rendimiento?

   Sí _______ No _______

Suministro #5:
La píldora

Alivio para eventualidades dolorosas - caudal relicto

Como parte de una buena planificación financiera, debemos pensar en lo que sucederá una vez ya no estemos presentes. Las finanzas son inmortales, y el conocimiento sobre el tema te ayudará hoy y hasta después de la muerte.

Toda una vida juntos y, de repente, surge la muerte de tu socio de vida, esposo o esposa. A esto le llamo «división inmediata de una sociedad», definitivamente un evento emocionalmente difícil de superar. Una de las preguntas más comunes que tienen nuestros clientes es: ¿quién hereda? Dependerá de la ley donde resides o donde tengas ubicados tus bienes. La planificación del patrimonio o testamento se debe hacer sin importar la clase social. Necesitas dejar tus documentos en orden para que tus deseos sean cumplidos.

En estos casos se recomienda la planificación del caudal relicto, que lo podemos definir como la preparación de un plan para la administración y disposición de los activos de un individuo luego de la muerte. Esto incluye testamentos, fideicomisos, poderes, etc. Es importante que conozcas la ley de herencia de tu país y cómo te afecta positiva o negativamente.

¿Qué significa «caudal relicto»? El caudal relicto es el conjunto de los derechos y participación de una persona fallecida sobre bienes inmuebles o muebles, y en fin, todo su patrimonio, sea tangible o intangible. Tras el fallecimiento, el viudo o la viuda, herederos, familiares o amigos cercanos deben realizar una búsqueda entre las pertenencias de la persona fallecida, con el fin de localizar información sobre testamentos, cuentas de banco, acciones, propiedades muebles o inmuebles, deudas, seguros de vida y otras propiedades misceláneas que existan a ese momento. Dicha información se utilizará para el inventario que se incluirá al preparar la planilla de caudal relicto, o como le conocemos, la famosa «planilla de herencia». Un abogado te puede ayudar en la orientación y cumplimiento del proceso.

La información que leerás a continuación es sumamente valiosa para tu planificación financiera. Tendrás conocimiento básico e· importante al momento de planificar tus finanzas y dejarle mayor estabilidad a tu familia cuando ya no estés. ¿Mi recomendación? Busca un notario de confianza y prepara tu testamento. Te podría ahorrar un dolorcito de cabeza. Adicional a esto, un buen seguro de vida puede cubrir todas las deudas que puedas tener al momento de tu muerte, y así, le das un alivio y renacimiento económico a tu familia.

Es importante organizarnos para proveer a nuestras familias estabilidad y seguridad cuando ya no estemos.

Para asesoría en relación a la preparación y tramitación de la planilla de caudal relicto, debes acudir a un especialista en planillas con número de registro del Departamento de Hacienda (en Puerto Rico), a un contador público autorizado (CPA) o a un abogado que pueda asesorarte y que tenga las credenciales profesionales antes indicadas para preparar y radicar las planillas.

En la parte de la tributación o contribuciones, al momento de preparar la planilla de contribución sobre caudal relicto es importante determinar:

1. Si el causante era o no residente de Puerto Rico al a fecha del fallecimiento
2. La aplicación de exenciones con respecto a propiedades que están localizadas en Puerto Rico

3. Las exenciones fijas aplicables a no residentes, extranjeros y ciudadanos americanos no residentes (entre $10,000.00 a $60,000.00)
4. Las deducciones por gastos (bajas del caudal) y pagos
5. Si se pagó contribución sobre caudal relicto en otras jurisdicciones (otros países). De esto depende, en parte, si paga o no contribuciones el caudal relicto y determinar la cantidad de la contribución a ser pagada con la radicación de la planilla.

Debes revisar la ley todos los años, por si cambia en algún momento. Muchas personas piensan que no se pagan contribuciones en relación a la herencia, y eso es una equivocación. Destaco aquí la importancia de un seguro de vida, ya que el mismo puede ayudar a cubrir los gastos de contribuciones o deudas del caudal relicto, y así la herencia se asume sin ninguna preocupación.

¿Que hay que tomar en cuenta para saber que se paga de contribuciones en la herencia? Hay que tomar en cuenta cuál era la ley vigente de contribución sobre el caudal relicto.

Definitivamente las finanzas están con nosotros más allá de la muerte.

Lista de cotejo para el suministro #5

1. ¿Qué son los impuestos?

2. Algunos ejemplos de impuestos son:

3. ¿Cuál es la mejor estrategia para cumplir de manera eficaz con mis impuestos?
   a) Pagarlo todo a final de año
   b) Hablar con un contador y especialista en planillas que pueda hacer una proyección de los mismos para separar este dinero en mi presupuesto mensual
   c) Pagarlos cada dos años.

4. ¿Qué es el caudal relicto?

5. ¿Por qué las finanzas son inmortales?

Suministro #6:
La ración de combate

Minimizando las pérdidas - instrumentos legales

Las comidas de combate (MRE – *Meal Ready to Eat*) están preparadas para sostener al ser humano, pero no significa que te las vas a comer todas a la vez. Hay que saber escoger cuál es la opción que nos conviene comer en el momento. De igual manera, en la planificación financiera tienes que tomar decisiones basadas en la mejor opción que crees tener en el momento. Sin embargo, con el conocimiento correcto o la recomendación de expertos, muchas decisiones pueden ser certeras y te pueden ayudar a minimizar las pérdidas.

A veces echas varias cosas en tu mochila de vida y, cuando llegas a tu casa, te das cuenta de que no las usaste todas. Pudiste sobrevivir usando solo algunas. Así mismo es nuestra mochila financiera: tienes todos los suministros, sin embargo, algunos los utilizarás como última opción.

Quiebra o bancarrota

La quiebra o bancarrota es un proceso legal que te ayuda a tener un alivio económico, pero es la última opción que aconsejo utilizar, ya que luego se hace muy difícil obtener crédito para el futuro. No tener crédito evitará que puedas aprovechar oportunidades, ya sea la compra de una casa, un negocio o simplemente el combatir económicamente con una enfermedad.

Esta decisión puede reflejarse en tu informe de crédito durante siete a diez años luego de finalizado el acuerdo. Debe utilizarse cuando ya no encuentras otra salida y recurriste a todas las anteriores sin resultados. Si actualmente estás pasando este proceso, lo importante es que hayas aprendido lo difícil del mismo y que estés utilizando el conocimiento de tu mochila financiera para un futuro libre de quiebras y repleto de paz mental financiera para ti y tu familia.

Las quiebras más comunes son:

- **Capítulo 13** – La persona endeudada retiene todos sus bienes y propiedades y paga las deudas según los plazos acordados por el tribunal.
- **Capítulo 7** – La persona endeudada cede cierta propiedad al acreedor, que es la persona física o jurídica que está autorizado a exigir el pago por acuerdo acordado.

Fideicomisos

La palabra fideicomiso proviene del latín *fideicommissum*, que se compone por *fides* - fe, y *commissus* - comisión. Es un contrato a través del cual una persona, llamada fiduciante, transfiere bienes propios a otra persona, el fiduciario, que puede ser física o jurídica (corporación, etc.), para que esta los administre en beneficio propio o bien de una tercera persona, llamada beneficiario.

Un fideicomiso se crea con la ayuda de un abogado experto en el tema. Entre los bienes que se pueden administrar bajo un fideicomiso personal puede haber cuentas bancarias, inversiones, autos, casas, terrenos, etc. Tal vez pienses que para trabajar un fideicomiso necesitas mucho dinero, pero la realidad es que puedes establecerlo con un valor de $500 y puedes seguir añadiendo al mismo.

Muchos padres desean estar financieramente disponibles para sus hijos, sin embargo, pasan situaciones en la vida que tal vez no les permiten estar en todo momento o simplemente se incapacitan y no están aptos para tomar decisiones. Una de las preocupaciones en estos casos es que los hijos no tomen las mejores decisiones financieras y el dinero se gaste en fiestas y lujos.

Al mismo tiempo, los padres desearán que el dinero esté disponible para objetivos como educación, cuidado a la salud y para negocios u opciones de vida en la edad adecuada. El fideicomiso te da la opción de dejarlo todo estipulado, y se cumplirá según establecido. Si eres un joven adulto, este documento te ayudará a planificar tu futuro.

Algunos fideicomisos personales son:

1. **Inter vivos:** El nombre proviene del latín, y significa «entre los vivos». Se establece mientras se encuentra en vida. Puedes conservar el control sobre los activos para beneficiarios en particular.
2. **Testamentario:** Forma parte del testamento de una persona. Se activa cuando muere su creador y sea legalizado.
3. **Necesidades especiales:** Se establece para dejar dinero a una persona con discapacidades. Es especialmente importante que este tipo de fideicomiso se redacte correctamente, a fin de que los activos del fideicomiso no impidan que la persona discapacitada pueda cobrar el seguro social o la asistencia de *Medicaid*.

Capitulaciones matrimoniales

Para que tu matrimonio no se torne de claro a oscuro, debe haber mucha comunicación y, en especial, comunicación financiera.

Las capitulaciones matrimoniales, en arroz y habichuelas, son un contrato que hace una pareja donde se pactan o se acuerdan arreglos que pueden proteger los bienes de ambos.

¿Sabías que el matrimonio tiene un efecto en tus finanzas? Contraer matrimonio trae consigo un sinnúmero de cambios económicos. Cuando dos personas se casan, las deudas, los bienes, las obligaciones y todo aquello que los esposos contraigan formarán parte de una cajita común, la cual llamamos sociedad legal de bienes gananciales.

La sociedad legal de bienes gananciales se compone de todos los bienes y obligaciones del matrimonio, o sea, lo tuyo es mío y lo mío es tuyo.

Pero, ¿qué pasa cuando hay hijos de otros matrimonios? ¿Y si tu esposo no tiene un buen crédito? ¿Quieres ser dueño de tu propio negocio, pero no quieres involucrar a tu esposa en todas esas obligaciones? La respuesta es sencilla, debes otorgar capitulaciones matrimoniales.

Las capitulaciones matrimoniales deben ser otorgadas ante notario público mediante escritura pública. Estas capitulaciones pueden ser una combinación de una separación de bienes total, nombrar ciertos bienes gananciales o separar ciertos bienes. Son para mayores de veintiún años, pero si son mayores de dieciocho y desean hacer capitulaciones, los padres con patria potestad pueden comparecer a suplir la capacidad del menor, y así, serán válidas.

Si la persona realiza las capitulaciones matrimoniales antes del matrimonio, se le conoce como una Constitución de Capitulaciones Matrimoniales. Cuando dichas capitulaciones son otorgadas luego del matrimonio, se le conoce como una Sustitución de Régimen Económico, por lo que desde ese momento en adelante deja de ser una sociedad legal de bienes gananciales y pasará al régimen económico que haya seleccionado la pareja.

Las capitulaciones deben ser inscritas a un Registro de Capitulaciones Matrimoniales en la Oficina de Inspección de Notaría veinticuatro horas luego de otorgadas, y las estipulaciones contra derechos adquiridos por terceros no son válidas hasta treinta días después de su inscripción en dicho registro.

¿Qué quiere decir esto de treinta días contra terceros? Que, por ejemplo, si un menor recibe pensión de alimentos y se encuentra dentro de un proceso de revisión, y papá decide otorgar capitulaciones matrimoniales para que no tomen en consideración el sueldo de su esposa, estas capitulaciones deberían otorgarse e inscribirse al menos treinta días antes de que comience este proceso de revisión. De lo contrario, podría tomarse en consideración el sueldo de la esposa para calcular la pensión.

Otro ejemplo son los préstamos. Supongamos que los esposos van al banco y contraen un préstamo entre ambos. A la semana de haber tomado el préstamo, los esposos deciden hacer capitulaciones matrimoniales con total separación de bienes y deciden que solo un esposo pagará el préstamo y releva de responsabilidad a la otra persona de la obligación de pago.

¡Error! Quien único puede decidir cuál de los dos respondería por dicha obligación es el banco, y un esposo no puede decidir sobre el pago del mismo a menos que se haga la división legal de la Sociedad de Bienes Gananciales y el banco autorice a que sea ese esposo quien sea titular del préstamo.

Es importante mencionar que todos los bienes adquiridos por los esposos son gananciales y, si su deseo es dividirlos, deberán liquidar la sociedad legal de bienes gananciales antes de establecer las capitulaciones matrimoniales. Del momento de su otorgamiento en adelante, los bienes serían individuales si así lo acuerdan los esposos.

¿Cuál es el contenido de estas capitulaciones? Pueden acordar estipulaciones tanto económicas como no económicas.

Algunos ejemplos de estipulaciones económicas son:

1. Separación de bienes (los esposos no mezclan sus bienes y cada cual mantiene su propia responsabilidad económica)
2. Separar solo algunos bienes o deudas
3. Renunciar a la sociedad legal de bienes gananciales sin decir qué régimen económico seguirán o cualquier otro régimen o acuerdo económico

Algunos ejemplos de estipulaciones no económicas son:

1. El compromiso de beneficiar a los hijos habidos dentro del matrimonio mediante testamento.
2. A qué escuela asistirán o qué religión practicarán los hijos

3. Cualquier otro acuerdo que no sea contrario a la ley, la moral o el orden público.

Otorgar capitulaciones matrimoniales puede abrir un sin número de oportunidades económicas.

Imaginemos que dos personas contraen matrimonio, pero no hicieron capitulaciones, por lo que su matrimonio se rige bajo la sociedad legal de bienes gananciales. Luego de tres años de matrimonio, deciden que esta es su oportunidad para comprar un hogar y se dirigen al banco para solicitar una hipoteca.

Luego del análisis financiero, se dan cuenta de que la esposa cumple con todos los requisitos de buen salario, empírica de crédito perfecta y capacidad de pago, sin embargo, por no haber capitulaciones, su pareja tiene que comparecer a la hipoteca.

¿Saben qué? Su pareja había tenido una quiebra hace unos años y no tenía crédito. ¿Qué pasó? Denegaron la hipoteca a ambos y se quedaron sin su casita. Ahora, con la nueva ley, los esposos pueden otorgar capitulaciones matrimoniales y las parejas pueden comparecer solas a obtener la hipoteca para la compra de su casa.

En el aspecto comercial, esto también es una tremenda alternativa para aquellas personas que quieran convertirse en dueños de negocios sin involucrar o comprometer a su pareja. ¿De qué manera? En los financiamientos para negocios o líneas de crédito para empresas, usualmente se requiere que todos los que componen la corporación sean deudores de estos préstamos o créditos.

Cuando uno de los socios en la corporación es casado y no existen capitulaciones, en ciertas ocasiones el banco requerirá que la pareja firme y consienta como deudora, para cumplir con la obligación de pago en el caso de la insolvencia de la corporación. Esta deuda podría recaer sobre la sociedad legal de bienes gananciales. Para evitar esta situación, los esposos pueden otorgar capitulaciones matrimoniales y el esposo podría llegar a acuerdos comerciales sin necesidad del consentimiento de su pareja.

En el caso de los alimentos, los esposos podrían liberarse de que su sueldo sea considerado para calcular la pensión de los menores habidos en otros matrimonios simplemente otorgando capitulaciones matrimoniales. De esta manera, cada esposo es dueño y responsable de su sueldo.

En el caso de demandas por daños, incumplimiento de contrato o falta de pago de deudas, las capitulaciones matrimoniales son un mecanismo para proteger el matrimonio y que estas demandas no tengan repercusiones contra tu pareja o la sociedad legal de bienes gananciales, si no que cada quien responde de manera individual.

Deben saber que, si los esposos contraen deudas y luego obtienen capitulaciones, ambos siguen siendo responsables por las deudas contraídas antes del matrimonio y no podrán utilizar el mecanismo de las capitulaciones para zafarse de su obligación de pago.

Claro está, las capitulaciones no son un pretexto para que los esposos no puedan socorrerse mutuamente en las obligaciones del hogar tales como el pago de utilidades, regalos y seguros de vida. Es importante saber que, aun con capitulaciones matrimoniales, cada esposo podrá obtener a favor del otro un seguro de vida y en nada afecta la oportunidad de convertirse en beneficiarios uno del otro.

Las capitulaciones son un recurso excepcional para mantener tu estabilidad económica dentro del matrimonio y no comprometer a tu pareja, para que cada quien pueda manejar sus finanzas de manera responsable. No lo veas como un recurso negativo con miras a un divorcio o a una situación que afecte el matrimonio. Desde la perspectiva legal, es una manera de tener libertad económica mientras proteges a tu pareja. Consulta a un abogado que pueda orientarte y mantenerte al día sobre el tema.

Poderes legales

Comencemos el tema con la siguiente pregunta: ¿qué pasa cuando hay decisiones que tomar, pero no estás disponible? En Puerto Rico tenemos disponible la alternativa del poder legal. Un poder legal es un documento preparado en escritura pública, donde das poder a un tercero para que pueda tomar decisiones o llevar a cabo actos en tu representación. Ya sea porque estás en el extranjero, o porque tienes una situación que te imposibilita estar presente en ciertos momentos, siempre tienes la opción de otorgar un poder. Verifica cómo funcionan en el país que te encuentras.

¿Quiénes pueden otorgar poderes? Lo puede hacer toda aquella persona que sea mayor de edad, que no esté en estado de insolvencia o quiebra y que no sufra de alguna discapacidad mental. Las personas que no saben leer y escribir pueden otorgar poderes bajo unos requisitos especiales, como la presencia de testigos y lectura en voz alta, pero para esos detalles específicos están los abogados. Lo importante es que dicho poder se haga en escritura pública ante un notario.

¿Quiénes pueden ser apoderados? Ese puede ser toda persona mayor de edad, que no esté en estado de insolvencia o quiebras y que no sufra de alguna discapacidad mental. Es importante que la persona que escojas para representarte sea una persona de entera confianza y que sepas que puede cumplir con lo requerido sin crearte un problema.

El poder puede durar el tiempo que el poderdante (quien otorga el poder) entienda necesario, pero podría terminar antes por su revocación; por la renuncia del apoderado; por muerte, quiebra o insolvencia de cualquiera de las dos partes (poderdante o apoderado); o por la incapacidad del poderdante. Este último no es un factor para su terminación en el caso de que se haya otorgado un poder duradero, pero eso lo tocaremos más adelante. Es importante mencionar que los poderes son totalmente voluntarios y libres de toda coerción. Nadie puede obligarte a realizar un poder.

Existen varios tipos de poderes en Puerto Rico, pero aquí discutiremos tres de ellos:

1. **El poder general** - Es un acto meramente administrativo. Es decir, se utiliza solo para que una persona tome decisiones por ti que no tengan nada que ver con ventas, enajenación, traslado o donación de bienes. ¿Para qué sirve un poder general? Puedes darle el poder a una persona para que pueda ir a un banco, por ejemplo, a endosar o retirar dinero, depositar cheques, obtener información de cuentas de bancos, obtener récords médicos, buscar medicamentos en farmacias y todo aquello que sea de carácter meramente administrativo. Si una persona se dedica al alquiler de propiedades y por alguna razón no vive en Puerto Rico, puede dejar un poder general para que alguna persona de confianza en su representación pueda firmar contratos, cobrar rentas y realizar arreglos a propiedades. Este poder puede contener una fecha para su terminación o puede ser revocado por el poderdante en cualquier momento.

2. **Poder especial, que también se conoce como poder específico** - Este tipo de poder se utiliza cuando se cede o transfiere algo, como una hipoteca, una compraventa o donación. En este tipo de poder, el bien inmueble o aquello que se piensa ceder o transferir debe estar descrito de manera específica para que tenga validez.

3. **Poder duradero** - A diferencia de los demás, que culminan cuando la persona sufre de una discapacidad mental, este tipo de poder se mantiene vigente, aun cuando exista esta discapacidad. Pero importante, para que sea considerado duradero, tiene que decirlo expresamente. De lo contrario, no se considera un poder duradero y perderá vigencia al momento en que la persona adquiera una discapacidad mental. Este tipo de poder es utilizado en casos donde, por ejemplo, una persona ha sido diagnosticada en una etapa temprana de Alzheimer o de demencia senil. Inclusive, el poder duradero continua, aunque la persona haya entrado en un estado de

coma. Pero OJO, si una persona tiene muerte cerebral, hay una línea bien finita y podrían alegar que el poder ya no sirve porque la persona está «muerta» y solo sobrevive de manera artificial. Muchos abogados piensan que el poder sigue funcionando en esas circunstancias hasta que desconecten a la persona y certifiquen la muerte. Es algo que podría llegar a tribunales si alguna de las partes levanta el banderín.

Los poderes son importantes financieramente porque podríamos dejar a una persona de nuestra entera confianza a cargo de nuestras cuentas de banco, cumplir con nuestras obligaciones de pago o de manejar negocios a nuestro beneficio.

Es importante que sepan que todo aquello que el apoderado haga en representación del poderdante que le cause un daño al poderdante, puede ser reclamado mediante una reclamación de daños y perjuicios por parte de quien dio el poder. Sin embargo, todos aquellos actos que sean a beneficio del poderdante no podrán reclamarse.

Ahora bien, ¿qué pasa cuando otorgas un poder fuera de Puerto Rico? ¿Cómo validarlo? La diferencia entre un poder en Puerto Rico y los *power of attorney* hechos en Estados Unidos es que, en Puerto Rico, los poderes se hacen mediante escritura pública, mientras que en Estados Unidos son documentos privados.

Cuando realizas un *power of attorney* en Estados Unidos, es recomendable que un notario de Puerto Rico redacte el documento, para que pueda cumplir con todos los requisitos y exigencias de la ley de Puerto Rico. Una vez obtengas ese documento, es importante llevarlo a un notario en Estados Unidos, pero en Estados Unidos no es necesario ser abogado para ser notario, por lo que necesitarás que dicho notario consiga un *County Clerk Notary Certificate* para certificar que ese notario está autorizado a tomar firmas y juramentos. De lo contrario, el poder no sirve.

Una vez obtengas los documentos, debes entregarlos a un notario en Puerto Rico para que éste los eleve a escritura pública mediante el proceso que conocemos como «escritura de protocolización de poder». Dicha escritura de protocolización tiene que estar acompañada del *power of attorney* original y del *County Clerk Notary Certificate* original.

Para que todos estos poderes sean válidos en Puerto Rico, deben ser notificados al Registro de Poderes del Tribunal Supremo de Puerto Rico en un término de setenta y dos horas (tres días) desde que se otorga. Así que ya sabes, si tienes negocios pendientes o quieres una ayudita extra en todas tus responsabilidades, siempre puedes considerar un poder para que cumpla con todas tus obligaciones, tanto personales como financieras.

Es hora de empacar nuestro último suministro. Hemos ido equipando tu mochila financiera, paso a paso, para que puedas entender para qué son tus suministros y en qué momento los vas a utilizar. Bien lo dice el dicho: «el conocimiento te da poder», y yo le añado, «si lo pones en acción».

Lista de cotejo del suministro #6:

1. Menciona y describe dos instrumentos legales que pueden minimizar las perdidas.

   a) _________________ , _______________________________

   ____

   b) _________________ , _______________________________

   ____

2. La quiebra o bancarrota, aunque es un instrumento legal, debe ser la última alternativa. ¿Por qué?

   ____

   ____

   ____

   ____

3. ¿Entendiste la importancia de las capitulaciones?
   Sí _______ No _______

Suministro #7:
Agua

Un retiro digno y refrescante

Sin agua no podemos vivir, y sin una buena planificación de retiro, será difícil hacerlo. Pero, si se hizo esa planificación de manera exitosa, el retiro es como un oasis lleno de agua fresca y clara para disfrutar la cosecha de la vida.

Ángel se despierta frente al mar, o en otro país con una cultura completamente desconocida, o simplemente se levanta sin ninguna preocupación a comer su desayuno favorito y hacer ejercicios. Ya puede controlar su agenda, porque está jubilado.

Me gusta más el término «jubilado», porque motiva a disfrutar de los frutos por los cuales trabajaste. La palabra «retiro» paraliza a muchos, que piensan que los apartaron de la sociedad, que no son productivos, así que hoy aprenderás a ser un **retirado jubiloso**.

Ángel está disfrutando de lo que fueron sus esfuerzos laborales, pero más aun, de una excelente planificación financiera. Todos nos queremos retirar jubilosos, pero, ¿te has hecho estas preguntas?

1. ¿A qué edad te quieres retirar?
2. ¿Cuánto dinero necesitas recibir mensualmente en tu retiro?
3. ¿Por cuánto tiempo necesitas el dinero?
4. ¿Has tomado en consideración la inflación? (Aumento de costos, la medida económica que indica el crecimiento generalizado de los precios en un periodo determinado).
5. ¿Sabes cuánto vas a recibir y de qué fuentes?

6. ¿Sabes cuánto recibirás por tus beneficios de pensión y seguro social?

En nuestros talleres y reuniones privadas estas son algunas de las preguntas que trabajamos con los clientes para ayudarlos a desarrollar el plan de acción para su retiro.

Comencemos con la pregunta #1. Al hacer esta pregunta, la contestación del 90% de las personas es, «me quiero retirar mañana» y el 95% de las veces la contestación es incorrecta. Para poder retirarte jubiloso, tienes que tomar en consideración qué propiedades o responsabilidades financieras posees, y el ejemplo más común es la casa.

Tu casa debe estar salda al momento de tu retiro, ya que es una de las responsabilidades que más paga. Recuerda que tu ingreso bajará a un 70% u 80%, y pudiera ser menos. Por esta razón, debes terminar de pagar tus responsabilidades al momento del retiro. Por ejemplo, si tienes cuarenta y tres años y debes veinticinco años de la casa, tu edad de retiro es a los sesenta y ocho.

Sin embargo, existen instrumentos que te pueden facilitar el retiro a una menor edad. Para el ejemplo anterior en particular, podríamos utilizar una aceleración de hipoteca. Esto lo puedes hacer tú mismo o existen intermediarios que te facilitan el proceso. Cuando trabajamos esta ilustración con nuestros clientes, se dan cuenta de cómo pueden poner el tiempo y el dinero a trabajar a su favor. **No le dejes tu dinero a los bancos, pon tu dinero a trabajar para ti.**

Muchos jóvenes hoy en día no quieren tener el compromiso de una hipoteca, pues prefieren continuar viviendo en casas alquiladas o compartiendo espacios donde pagan poco mensualmente. Ojo con esto, están pensando en el momento, no tienen una visión a largo plazo, no han analizado que, en su retiro, el ingreso no será el mismo y que tendrán que seguir pagando una mensualidad vitalicia. Si compraran una propiedad, podrían utilizarla como futuro ingreso de retiro o como residencia principal salda para evitar una mensualidad más. O, pueden alquilar parte de la misma y así bajar el pago de hipoteca suplementándolo con el pago de la renta.

La mayoría de las veces, cuando hacemos la segunda pregunta, no pueden contestar o nos indican que nunca habían pensado en eso. **¿Cuánto dinero necesitas recibir mensualmente en tu retiro? Fíjate que no te preguntamos cuánto quieres, sino cuánto necesitas.** Pudieras querer menos de lo que necesitas y no estaríamos trabajando un plan de acción real.

Para este análisis, debemos tomar en consideración los gastos que tendrás en el momento de retirarte (asumiendo que ya saldaste la casa y que no pagas carro). Los gastos a considerar pueden ser: luz, agua, internet, televisión por cable o satélite, comida, ropa, mantenimiento de hogar, seguros, plan médico, medicinas, vacaciones, regalos, diezmos o caridad y ahorro para eventualidades. Si tus hijos viven en otro país, debes tomar en consideración cuántas veces al año los visitarás. ¿Ves que no es decir una cantidad por decir? Todo debe ser calculado.

Luego de haber hecho el cálculo de lo que necesitas recibir mensualmente en el momento del retiro, la pregunta que sigue es: ¿Por cuánto tiempo necesito esa cantidad mensual? En la actualidad las tablas de mortalidad son las que nos ayudan a pronosticar el tiempo vivido de un individuo. Estas han aumentado drásticamente. Si escogemos una edad promedio de vida de ochenta y cinco años, hasta esa edad nos debemos preparar para recibir esa cantidad que necesitamos. ¿Podemos hacerlo? ¡Sí, podemos!

Algo importante que la mayoría de las veces no se toma en consideración en nuestros planes futuros y, si no lo haces, créeme que te quedarás corto, es la inflación.

¿Recuerdas cuánto costaba una lata de refresco cuando estabas en la escuela elemental? Hoy en día cuesta mínimo $1.00, y muchas veces es más. Recuerdo de pequeña acompañar a mi papá a echar gasolina y el litro costaba de 23¢ a 26¢. Esto fue para los '80. Impresionante, ¿verdad?

Lo mismo va a pasar en el momento de tu retiro. Todos los productos del momento sufrirán un cambio en precio, así que podemos asumir un 3% de inflación para hacer más realista nuestro plan financiero. La pregunta es: ¿Tomaste en consideración la inflación para tu plan de retiro? Con este conocimiento, serás un súper jubiloso.

Esta es la última pregunta, pero no es menos importante. ¿Sabes cuánto recibirás por tus beneficios de pensión, seguro social e inversiones?

Tal vez invertiste para tu futuro, sin embargo, no tienes una ilustración clara de qué recibirás en el momento de tu jubiloso retiro. Más aun, probablemente no tienes un listado de las fuentes que proveerán tu futuro beneficio mensual. Es importante que hagas un inventario de los beneficios que recibirás en esta espectacular etapa, para que estés seguro de cuánto estarás recibiendo mensualmente y saber si tienes alguna brecha o necesidad que debas cubrir para lograr tu jubiloso retiro.

Posibles recursos financieros para el retiro jubiloso

La pensión es el pago o la prestación económica que una compañía otorga al empleado en el momento de su jubilación. Hace más de veinte años, compañías como farmacéuticas, fábricas, etc. proveían este beneficio al 100%. Hoy en día la mayoría de los empleados son responsable de aportar a su retiro y algunas compañías parean lo que aportas, y por eso es importante analizar cada caso.

El seguro social, como hablamos antes, es parte fundamental de nuestro retiro, y por eso debemos pagarlo para luego disfrutarlo. Recuerda que si eres dueño de negocio o trabajas por servicios profesionales no le debes pedir a tu contable que haga magia para poder pagar el mínimo de tu seguro social. Eso es robarte a ti mismo, le estás haciendo daño a tu jubilación. Si deseas saber cuánto recibirás del seguro social si te fueras a retirar hoy, llama al número de teléfono o accede a la dirección electrónica provista en el suministro #2.

Instrumentos financieros cualificados - Es importante conocer qué instrumentos financieros para el retiro están cualificados en tu país y cómo trabajan. En Puerto Rico los instrumentos cualificados son los que están aprobados por el Departamento de Hacienda (departamento que trabaja con las finanzas del país). Estos instrumentos tienen ahorros contributivos y, a su vez, puedes utilizarlos para futuros ingresos en el retiro. En los suministros anteriores te mencioné algunos. Aquí, los describo con más detalles y añado otros a la cartera de beneficios.

1. **401K** - Se llama así por los códigos de impuestos del servicio de Rentas Internas. Es un plan de ahorros para el retiro de empleados, que permite invertir una parte del salario antes de que cobren los impuestos. Está cualificado porque tiene ahorros contributivos. Ejemplo: Doris lleva cinco años en una empresa aportando el 6%, y la empresa le parea la misma cantidad. Actualmente, tiene acumulado $39,500.00 y todavía le faltan veinticinco años para su retiro. Lo ideal es aumentar el beneficio al máximo y, de continuar con esta disciplina, Doris será una retirada jubilosa.

2. **Planes *Keogh*** - Un Plan *Keogh* es un plan de retiro calificado para individuos que trabajan por cuenta propia, aquellos que poseen y operan negocios no incorporados, son dueños de más de 10% de una sociedad especial o corporación de individuos, o reciben una porción sustancial de su ingreso de trabajo por cuenta propia. Es un plan que te ayuda a ahorrar para tu retiro y a su vez tiene ahorros contributivos.

3. **403B** – Es un plan de retiro que implementan las compañías públicas y sin fines de lucro.

4. **TSP** - El TSP es muy similar a un plan de retiro estilo 401K o 403B, y ofrece opciones de ahorro y beneficios similares. Todo empleado federal es elegible.

5. **Cuentas IRA** – IRA se refiere a *individual retirement accounts*, y según el manual del colegio de CPA se define como una cuenta de ahorro a través de una institución financiera

o por medio de un contrato de anualidad con una compañía de seguros de vida. Las aportaciones o primas pagadas son deducibles, y las ganancias de la cuenta o el aumento del valor de la anualidad no pagan impuestos hasta que el contribuyente las recibe. Debes examinar cuidadosamente las alternativas de inversión para determinar cuál te conviene, porque dependerá de tu necesidad. La aportación máxima anual para el 2021 es de $5,000 por individuo y $10,000 por pareja. Esto pudiera variar por año, si enmiendan la ley. No es aconsejable retirar dichas aportaciones hasta la edad de sesenta años, ya que puede estar sujeto a una penalidad de un 10% con el Departamento de Hacienda, con algunas excepciones tales como: la compra o construcción de una propiedad a ser utilizada como vivienda principal, gastos de estudios universitarios, compra de una computadora, muerte, incapacidad física o mental, para sufragar gastos médicos de una enfermedad catastrófica, razones de pérdida de empleo, reparar daños a la residencia principal causado por fuego, huracán o terremotos y transferencia a otro instrumento cualificado. Dependiendo de tu contrato, puedes tener una penalidad con la compañía o institución bancaria. La cuenta IRA no deducible, o IRA *Roth*, es una cuenta individual de retiro cuya aportación no puede deducirse de las contribuciones. Sin embargo, estará totalmente exenta de contribuciones al momento de retirar el dinero.

Instrumentos financieros no cualificados - Existen instrumentos no cualificados que te ayudarán a suplementar el retiro y a trabajar otras áreas de la planificación, pero con estos no tienes ahorros contributivos.

1. **Seguros de vida con acumulación** - La función principal del seguro de vida es garantizar la seguridad económica de sus beneficiarios en caso de que mueras, ya que los beneficiarios recibirán el dinero de tu póliza. Sin embargo, existen seguros de vida que tienen otros beneficios importantes que te permiten ahorrar para tu futuro. Tal vez no tengas el hábito

de ahorrar, y en esos casos, el seguro de vida con acumulación es una excelente alternativa. Tienes beneficios como:

a) Tus beneficiarios pueden tener un renacer económico en caso de una muerte prematura.

b) Puedes ahorrar dinero para tu jubilación y recibirlo a través de préstamos libre de contribuciones.

c) Si sufres de alguna enfermedad crónica o terminal, puedes recibir un % de tu beneficio de muerte mientras estés vivo. Esto te ayudará a trabajar con la condición y no permitir que se afecte tu estabilidad económica.

2. **Fondos mutuos** - Los depósitos a este instrumento se colocan junto con los depósitos de otras personas o compañías con intereses en común. El dinero se administra por un equipo de profesionales, quienes invierten en diferentes instrumentos de diferentes países, sectores y monedas, trabajando una cartera diversificada. Es el instrumento de mayor liquidez, lo que significa que en el momento en que desees disfrutar de tu dinero, lo solicitas y, dependiendo de dónde estén invertidos, puedes tenerlo dentro de uno a diez días.

3. **Propiedades** - Una manera de diversificar el dinero es comprando propiedades, las que con una buena planificación, pueden convertirse en una fuente constante de ingresos.

4. **Negocios** - El potencial de ganancias hace de un negocio una inversión. Para esto, debes hacer un estudio de mercado exhaustivo antes de comenzar.

Cada caso es individual, y las conclusiones dependen del análisis de tus activos, pasivos y tu necesidad para determinar qué instrumentos trabajan más a tu favor.

Con la planificación correcta, serás jubiloso en tu retiro. Este es un material importante que debemos tener en nuestra mochila financiera. Definitivamente, es un suministro que nos ayudará a sobrevivir.

Lista de cotejo para el suministro #7

1. ¿Qué preguntas nos debemos hacer para poder planificar nuestro retiro jubiloso?

   a) ____

   b) ____

   c) ____

   d) ____

   e) ____

   f) ____

2. ¿Qué son instrumentos cualificados?

   ____

   ____

   ____

   ____

3. Menciona dos instrumentos no cualificados, pero que te ayudan a suplementar tu retiro.

   a) ____

   b) ____

4. ¿Cuál de los instrumentos financieros te llama más la atención y por qué?

   ____

   ____

   ____

   ____

Cerremos la mochila

¡Qué muchos planes y suministros! ¿Verdad? Pero, ahora sí estás preparado para eventos impredecibles en tus finanzas y para disfrutar de un futuro seguro y apacible. Fíjate, al tomar todas estas medidas preventivas, tomaste el control de tu dinero y alejaste las «tormentas».

Me despido contenta, porque sé que te dejo con la guía y el conocimiento necesario para que tu mochila financiera tenga los mejores suministros de supervivencia. Te invito a que la lleves contigo en todas las etapas de tu vida. Al poner en acción lo que aprendiste aquí, serás el mejor mayordomo de tu dinero.

Recuerda, comienza por administrar con tu plantilla de presupuesto y conocer tu empírica, que es tu radiografía financiera. De ahí en adelante, busca en tu mochila lo que necesitas para transferir riesgos, diversificar tus activos, trabajar tus contribuciones de la manera correcta, establecer los documentos legales necesarios y disfrutar de un futuro jubiloso.

Siempre existe la posibilidad de que, al comenzar a abastecer tu mochila financiera, te encuentres con obstáculos difíciles o situaciones confusas. Ahí es que yo, con mi experiencia como coach, consejera financiera y licenciada en seguros, puedo ayudarte. En cualquier momento de tu búsqueda de suministros financieros puedes acceder mis servicios en www.segurosyazminirizarrypr.com.

Si luego de esta lectura comprendes que te debes enamorar de la planificación financiera, si comienzas a pensar siempre en si «lo quieres o lo necesitas» y en que debes poner tu dinero a trabajar para ti, entonces cumplí mi cometido. Ahora, comparte tus nuevos conocimientos y ayuda a tus seres queridos a llenar sus mochilas. Recuerda que estoy disponible para apoyarte y darte la mano en tus preparativos para lograr la salud financiera que tanto anhelas para ti y tu familia.

¿Podemos hacerlo? ¡Sí, podemos!

Perfil de la autora

Yazmín Irizarry está certificada como coach y consejera financiera por el *Instituto de finanzas personales de Puerto Rico, una división de Finanzas al Máximo, avalado por el Sistema Universitario Ana G. Méndez y Fincert.org.* Es además representante autorizada por la oficina del comisionado de seguros de PR, con veintiún años de experiencia especializada en el manejo de riesgos financieros. Nacida en Mayagüez y criada en Aguadilla, Yazmín posee un bachillerato en administración de empresas de la Universidad Interamericana en Aguadilla, una maestría en mercadeo de la Universidad Metropolitana en Aguadilla y es licenciada en seguros de vida, incapacidad, salud, propiedad y contingencia.

Yazmín tiene doce años de experiencia como coordinadora de distrito y tres años como coordinadora regional de una compañía Fortune 500 en el área de seguros, recibiendo diferentes reconocimientos. Fue la fundadora de la organización comunitaria *Mujer Inspira*, y actualmente colabora en el *Centro Empresarial para la Mujer Sila M. Calderón.* Es locutora del programa radial *Planificando con Yazmín Irizarry*, por Radio Uno 1340 AM y 98.3FM, recibiendo varias proclamas de la Cámara de Representantes de Puerto Rico y de varios alcaldes. Yazmín es presidenta de la corporación *Empresas Yazmín Irizarry*. Actualmente es miembro de la asociación *Women in Insurance & Financial Services* y la *Association of Accredited Small Business Consultants* a nivel internacional.

En el 2018 tuvo la oportunidad de fungir como presidenta del evento *Avancemos a grandes pasos contra el cáncer del seno*, región de Mayagüez. Fue miembro de la junta de directores del *Hogar de Niños Regazo de Paz.*

Su misión es servir, enfocar, dirigir y educar a la sociedad para que logren su libertad financiera y, a su vez, sirvan de ejemplo a otros, ampliando la zona de estabilidad económica y disminuyendo el riesgo financiero de individuos, compañías y de nuestro país.

Su visión es brindar un servicio de excelencia en el área de seguros y planificación financiera y orientar y educar a la sociedad sobre la importancia de estos temas en todas sus áreas. Para esto, utiliza seminarios, orientaciones individuales y grupales, medios de comunicación, redes sociales y la lectura, logrando impactar un gran sector de nuestra sociedad.

«Estoy comprometida con mi país. Tengo una cultura de servicio, integridad y honestidad. Creo que el conocimiento con acción nos da poder. Estoy dirigida a orientar y desarrollar financieramente a individuos, familias y compañías para que tengan una sólida base económica y puedan disfrutar a plenitud cada etapa de sus vidas.»

- Yazmín Irizarry

Referencias

- YouTube. (2015). *When money isn't real: the $10,000 experiment | Adam Carroll | TEDxLondonBusinessSchool.* Extraído de: https://www.youtube.com/watch?v=_VB39Jo8mAQ

- Steverman, B. (2018). *La tasa de divorcios disminuye entre aquellos con más dinero y educación.* Los Angeles Times. Extraído de: https://www.latimes.com/espanol/vidayestilo/la-es-entre-aquellos-con-mas-dinero-y-educacion-la-tasa-de-divorcios-disminuye-a-medida-que-los-matrimonio-20180927-story.html

- Injury Facts. (2020). Extraído de: https://injuryfacts.nsc.org/

- Dayton, H. (2004). *Su dinero cuenta.* Crown Financial Ministries. ISBN 978-1564270221

- Okomura, K. S., Stevick, G. E. (2005). *Techniques for Exploring Personal Markets.* American College Press. ISBN 978-1932819106

- Cancer.gov. (2020). *Estadísticas del cáncer.* Instituto Nacional del Cáncer de E.E.U.U. Extraído de: https://www.cancer.gov/espanol/cancer/naturaleza/estadisticas

- American Lung Association. (2020). *Salud Pulmonar y Enfermedades.* Extraído de: https://www.lung.org/espanol/salud-pulmonar-y-enfermedades

- Social Security. *Presidential statement signing the social security act - August 14, 1935.* Extraído de: https://www.ssa.gov/history/fdrsignstate.html

- www3.paho.org. OPS/OMS. (2013). *Día Mundial de la Salud: Uno en tres adultos en las Américas tiene hipertensión, el principal factor de riesgo para morir por una enfermedad cardiovascular.* Organización Panamericana de la Salud. Extraído de: https://www3.paho.org/hq/index.php?option=com_content&view=article&id=8468:2013-world-health-day-americas-one-three-adults-hypertension-risk-factor-death&Itemid=4327&lang=es

- Landis, A. (2018). *Social Security, the Inside Story.* CreateSpace Independent Publishing Platform; Anniversary edition. ISBN 978-1981651832

- University of Missouri. *Investment Risk Tolerance Assessment.* Extraído de https://pfp.missouri.edu/research/investment-risk-tolerance-assessment/

- Con Letra Grande. *Quiz Rutgers de tolerancia al riesgo de inversión.* Extraído de https://www.conletragrande.cl/educacion-financiera/quieres-conocer-tu-nivel-de-tolerancia-al-riesgo-haz-este-test-de-tolerancia

- Rivera Robles, K. (2019). *Las criptomonedas y su tributación local.* El Nuevo Día. Extraído de: https://www.elnuevodia.com/opinion/tanque-de-ideas/las-criptomonedas-y-su-tributacion-a-nivel-local/

Testimonios

«Me encontraba en la búsqueda de un cambio de compañía, lo cual me requería una empírica saludable, y no estaba en mi mejor momento. Procedí a reunirme con Yazmín. Ella me hizo un análisis financiero con varios consejos que comenzamos a trabajar. El seguimiento y motivación no faltaron y hoy les puedo decir que mi empírica, mi paz mental y la prioridad de mis finanzas han cambiado exitosamente.»

Sra. Mónica Mieles
Piloto

«El fallecimiento de mi socio fue un momento difícil para nosotros, y me hizo entender la importancia de asegurar nuestras vidas cuando hay una muerte repentina y hay personas que dependen de nosotros de alguna manera. Gracias a la orientación de Yazmín pude saldar las deudas del negocio que teníamos entre ambos, expandir y continuar trabajando sin preocupaciones.»

Sra. María Nieves
Comerciante

«Con un trabajo estable y unos ahorros considerables, entendía que mi vida estaba realizada. Cuando llegó esta enfermedad llamada cáncer, comencé a viajar para tratamientos que mi plan médico no costeaba en su totalidad. Es entonces cuando mi esposa me recuerda que Yazmín nos había orientado de la necesidad de un seguro suplementario específicamente para la condición de cáncer. Cuando nos comunicamos con ella, tuvimos un servicio de excelencia que nos dio tranquilidad y paz mental.»

Sr. Francisco Ortiz

«Hace años trabajé con una compañía que me daba el beneficio de un plan de retiro. Actualmente, trabajo en otra, y el dinero no estaba generando lo esperado. Con la ayuda y orientación de Yazmín, pude identificar el instrumento ideal para mí y a la vez establecer mi IRA para poder recibir los ahorros contributivos necesarios.»

Sr. Arnaldo mercado
Gerente de operaciones de supermercado

«Soy gerente de recursos humanos y presidenta de JLC Consulting. Tuve la oportunidad de trabajar mano a mano con Yazmín Irizarry proveyendo beneficios para los empleados. Fue una experiencia excelente gracias a su servicio y disponibilidad. Tuve que reclamar a una de las compañías y estoy muy agradecida por la pronta respuesta y el servicio que me brindó.»

Celis Vázquez
Presidenta – JLC Consulting

«Soy un joven estudiante, amante del deporte y tengo una visión amplia para mi futuro. Tuve la oportunidad de asistir a un taller de planificación financiera para jóvenes enfocado en el área de manejo del dinero, donde Yazmín Irizarry fue la conferenciante. Este taller me hizo entender la importancia de este tema en todas las etapas de mi vida y cómo el conocimiento te da poder si lo pones en acción.»

Sebastián Soto Vega

«En el área comercial a veces es difícil ver la inversión que se hace en el área de seguros. No es hasta que te toca vivir una eventualidad como el huracán María que entendemos la importancia de tener unos ahorros y cobertura que te ayuden a agilizar el proceso de restablecimiento de las facilidades. Nosotros estábamos preparados en esas áreas y pudimos reanudar nuestras clases en quince días. Tener a Yazmín como agente de seguros nos dio la confianza de continuar el proceso de restablecimiento de la institución en lo que se hacía el proceso de desembolso de la compañía de seguros.»

Sr. Luis Rodríguez,
Director colegio en Aguadilla